# 與你的內心小孩成為好麻吉

## 情緒療癒的8個強效配方

李天民（Mophael）——著

Be Friends with Your Inner Child

# 目錄
Contents

# 目錄
Contents

## 第四個配方

# 目錄
Contents



## 第五個配方

## 目錄

Contents

附錄

# 各方推薦與佳評

我是一個三個孩子的媽，深深知道當孩子心靈受創、憤怒、不講理、鬧彆扭時，和他說再多大道理都是沒用的，而是要先擁抱他、無條件的接受他、愛他、溫暖他。我們每個人的心裡都住著一個內心小孩，同樣的，當這個孩子受傷時，首先想要的，不是被論斷、被管教、認清楚是非對錯。感謝光行者Mophael傾囊傳授八種實用的方法，讓我們的內心小孩能獲得全面的擁抱、愛與醫治。所有的療癒最後都回歸到自我觀照，光行者Mophael的這本書，直接、簡單、能重複操作，重要的是，非常有效。跟著Mophael慈悲而感性的聲音一步一步練習，自己就是最適合自己、最能幫助自己的療癒師！

彭菊仙（親子教養作家、Chu-Chu 媽咪）

在自我的療癒之旅中，藉由Mophael的療癒配方，讓我牽引著自己的內心小孩，以最適當的節奏前進，並得到屬於自己的體悟與解脫。

療癒，是一場盛大而又平凡的自我探索、自我發現之旅。Mophael提供的這八個方法就像是旅人的拐杖，協助我們邁出堅定的步伐，走向未知卻必然更好的自己！

潔安（光行者、心靈諮商師／美國加州）

Mophael的情緒療癒配方，協助我真正向內省視情緒，觀照內在的自己，重新開啟生命的泉源。每個配方都是精華，讓內心平靜和諧，散發正面能量！

徐寒嬌（光行者、能量療癒師、寵物溝通師／中國江蘇）

Mophael的八個療癒配方，隨時貼心的提醒我面對和釋放，協助我重新找回自己心中愛的力量，也讓我的生命越來越豐盛和喜悅。感謝有你，Mophael！

鍾麗（EMC分析師、營養師／法國巴黎）

吳念容（美國紐約州立大學MBA／台北）

療癒其實就是自我療癒，是非常個人的，沒有快慢好壞，只有誠實與否。Mophael這八個情緒療癒的配方，幫助我面對人生的無數課題，是我隨身的好幫手。

Peace（光行者、通靈教師／加拿大多倫多）

在我苦於不知如何愛自己時，人間天使Mophael教我以「同理心」，療癒了我那飽受委屈的內心小孩。

Annie（NGH催眠師／加拿大溫哥華）

情緒療癒的八個配方，使我更從容安在，並且能勇敢的面對人生課題。隨便一個，都是讓生命入喉更回甘的優質配方哦！

林孟谷（天使卡諮商師／台南）

療癒是我們一步步向內心探索的過程，我們在過程中會對自己更了解，明白實相中發生的一切都是靈魂精心的設計。Mophael的療癒方法，幫助我們更了解自己，創造自己想要的人生。

Vanessa（光行者、能量療癒師／香港）

療癒就是往心裡面一層層的面對最真實的自己。Mophael的八個療癒配方，是我的口袋祕方，協助我穿越並擴展。

Sonya（光行者、寵物溝通療癒師／台中）

身為醫療工作人員，我們時常要求自己對痛苦感同身受、同時保持客觀冷靜。療癒，讓我能夠承認自己的不足、接納生命的自我安排，用謙卑與感謝，來取代悲傷與內疚。這一路走來跟 Mophael 學到的方法與工具，至今仍陪伴我面對不同階段的生命課題。

張雅斐（獸醫師／台北）

Mophael的療癒配方，就像是黑暗裡的一盞燈，幫我在理性、力氣用盡仍無法理解成人世界的茫然困惑時，找回那個被遺忘在內心角落的小小孩。Mophael 充滿愛與光的實用策略引導，使我與內心小孩彼此諒解，解開了許多讓我陷溺不前的人生難題。

邱佩玲（健康慢食廚藝老師／美國印第安那州）

Mophael的療癒配方，幫助我將負面情緒轉化成愛和光，釋放內心小孩自由，接受自己的才華，跟隨自己的直覺，體驗生活的無限可能。

Michel Chicoine（攝影師／加拿大溫哥華）

Mophael的療癒信念和熱情，讓我深信他是頂尖的靈性導師。這些配方，讓我安心安全的擁抱我通靈的才能，也讓我對靈性的力量大開眼界。

Patrick Vickery（軟體工程建築師／加拿大溫哥華）

Mophael 的配方，幫助我從內心混亂的毛線球中，一層一層抽絲剝繭，找到最軸心的那根線軸，並以此開啟了我的自我療癒之路。

Teressa（學生／台北）

我個人經驗過想像療癒、觀照與數息法，啟動了內心小孩的精準意像，讓我體驗到靈心身的神奇療癒。這八個配方操作簡單、過程有趣、效果出人意表，我強烈推薦。

Kevin Woodson（Visual Link創建者、畫家／美國加州）

推薦序

# 值得你按圖索驥，探進療癒祕境之作

田安琪

二〇一二年春末，我曾面臨一段嚴苛的考驗，心中忍不住呼求：「我半輩子都在傾聽他人、給人意見，但我的諮商師在哪裡？」第二天，我的電腦裡來了一封顯眼的信。我曾經上過他的廣播節目，並在下節目後與他聊了一會兒，知道他是一位心思細膩且值得信任的朋友。有趣的是，信裡他竟然要求我幫他諮商，於是我立即回應：「我們來交換吧！」我們便一路彼此扶持到現在。

就這麼過了大半年，好朋友天民這回出書了，我當然要為他推薦站台一番。我們太熟了，實在不捨得只公式化地把新書內容當材料來寫序，靈機一動，乾脆說說他當時帶著我進行的一段療程——「想像療癒」（書中的第五個配方）吧！這可是依據本書所做如假包換的臨床案例。

**回到那個春末時節，天民聽了我的故事，告訴我可以從與父母的關係中著手，把駐**

**足在過往的情緒能量釋放出來，特別是那些被後來「成熟的自己」所擋掉的委屈，身為成人、又是靈修者，會因為太想超越而壓抑了那些尚未釋放掉、甚至從來沒有好好面對的陳舊能量。**

我一開始被設定要先療癒與母親的關係。但這過程畢竟是「有機」的，本來設定的母親，在療程中轉向為哥哥，所以便順水推舟的完成了和哥哥之間的療癒。這一段療程結束後，我觀察到自己在關係中比較敢明白的表達需求，不是隱而不發或過度包裝，也不是讓委屈的能量從其他地方爆發出來。我想，這是因為我不再害怕自己被更優秀的人（兒時哥哥的化身）所取代。

在與母親的想像療癒中，天民照例帶著我以冥想的方式回到從前，許多深受委屈的記憶片段，會適切浮現出來而被釋放。這個療程的末尾，指導靈透過天民給了我一段話，令我深切理解到：母親自己也沒有享受過多少母愛，她甚至自小要在外公早逝、外婆又經常不在家中的日子裡，扛起照顧兄弟的重擔……就在設身處地為母親著想的那一刻，我腦海中玄妙的出現了母親帶著年幼的我，在河堤邊散步的畫面。當時的我，因重感冒請假了許多天，心中很焦慮自己的課業會落後，於是母親帶我出門散散心……這個稀有的母女共遊情境，令我完全不能自己，抽咽著哭了許久，這是一次極為徹底的洗滌。

從這裡，我也更能明白那些曾經被我認為「沒有如同我對她般善待我」的同性朋友，那些令人灰心的狀態，是因為她們自己的苦痛與匱乏所致，與我做得是否夠多、夠好無關。我感覺到自己更大步的解離了同性之間的競爭關係與忌妒關係。

最終，還是來到與父親之間的療癒，這個療程拖了好一陣子才展開。第一次是不成功的，我沒有感覺到多少情緒湧動；第二次療程開始前我有一點緊張，怕自己又是太習以為常的「成熟而靈性」，以至於情緒出不來，但我還是盡可能交託，放手讓天民和高靈來引領整個過程。到了中後段，天民要我提出幾個「希望爸爸如何對待我」的要求，我慢慢的說：「**我希望你更瞭解我，或者至少有意願想要瞭解我……**」**說出了這樣的心願，如同說出了亙古以來靈魂的渴求**，就像是情緒能量的鑰匙，揭開了潘朵拉的盒子一般。我終於淚崩，這次的釋放，令我四肢虛脫，連雙手都快要提不起來。

結束療程之後，一開始似乎並沒有明顯的變化，約莫一個月之後，我感覺到許多散落在外的力量回來了。看起來我只是如常的過著平凡的日子，但我明白，自己更自由了，自由到在看似危險的情感波濤中，知道自己不會被淹沒，自由到願意給別人更多的自由。

那幾個月來，我像是任自己的分身走到一處生命的祕境，除了進入很不尋常的情感關係中，也顛覆了自己某些靈性上的認知。我一向以「自我覺照」來下手解決自己的困頓痛苦，總認為那些心理學的說法（從原生家庭著手來說明一切課題）不夠究竟。但束手無策、走投無路的時候，常常是生命要強行打開我們的時候，幸好我願意開放自己交託給可以信任的對象，甚至以匍匐前進的心態，來吸收天民帶給我的新觀念與新方法。感謝天民，感謝這一連串妙不可言的療癒過程。

這一回，天民終於把他專長的療癒方法彙整成這本《與你的內心小孩成為好麻吉》，還難得附上了療癒引導錄音，讓讀者們可以很方便的藉此自我療癒，它應該是每一位走新時代之路的朋友們都要人手一冊、按圖索驥的工具書了。

田安琪：中央大學物理研究所畢業。曾從事企畫與公關工作，目前投入身心靈工作及書寫，爲「光的課程」帶領者、《我聽見天使》作者。

前言

# 情緒療癒與內心小孩

我們小時候，都希望能用某種方式得到愛。然而，父母因為靈魂功課的設定，也就是靈魂彼此間的協定，於是按照出生前的協定角色行動，或者按照腳本演出，扮演「不懂怎麼給我們愛」或「傷害我們」的角色。從人的角度來說，他們真的已經盡心盡力，用自己所知道更好的方法來愛我們、養育我們。只不過他們愛我們的方式，不是我們所要的，也或者給得不夠，給得太多等等。只要小孩子沒有得到自己想得到的，就會覺得受傷，於是就變成了「內心受傷的小孩」。這位小朋友之所以是小朋友，是因為他不懂得用理性思考，只懂得用情緒思考，想要的東西沒得到，或得到的方式讓他不舒服，不開心，就會覺得：「大人不夠愛我」、「我不夠乖」、「我不值得被愛」等等。

這些傷口深深藏在我們的潛意識裡，等著被愛與光照亮——也就是要我們承認、面對、釋放、轉化這些記憶，於是我們不會再愛上不該愛的人、不敢追求自己的夢想、害怕失敗又害怕成功，想掙脫貧窮卻總是被貧窮綑綁。經過療癒，我們，就不會再被黑暗的性格控制。

## 療癒，分三個層次

1. 理性的療癒：看了一本書，上了一門課，在智能上得到啟發，或是觀念上獲得疏通。它的療癒效果不但是短暫的，還是很表面的。這也是為什麼，有許多人一直在找下一本書、下一門課，老覺得那個最有效的方法，像是一瓶神奇的藥水，還在遠方、千尋萬覓。

2. 情緒的療癒：本書所談的療癒，主要是指「負面情緒的自我療癒」。它一共分四個步驟——

a. 承認面對：承認有傷口，才會願意面對因此而生的負面情緒。

b. 感受釋放：負面情緒必須感受，才能真正得到釋放。

c. 轉換開悟：負面情緒得以轉化，悟出後面的智慧。

d. 改變回光：改變舊有習性，再次回到光裡。

3. 靈性的療癒：真心原諒帶給我們負面情緒的人、事、物，明白一切都是靈魂和靈魂之間的協定，目的是協助每個靈魂，在肉身中創造最高的進化效益。本書所附的〈原諒大會引導〉、〈催眠回前世引導〉、〈想像療癒引導〉錄音，就在引導讀者朝這個方向前進。

## 情緒療癒和內心小孩的關係？

本書所倡導的情緒療癒，就是協助各位自我療癒內心小孩。內心小孩——有人稱為「內在小孩」，也就是心理學上的「潛意識」，年紀最高不會超過十二歲。情緒療癒，就是療癒內心受傷小孩，是一個認識自我、改變習性的旅程。

## 療癒，可以很簡單

一般人，都會用西方人體醫學的角度，來看待「情緒療癒」。他們以為，療癒就像是發現了腫瘤，必須開刀將它割除，再花一段很長的時間休養及復原。情緒療癒，可以是即時而當下的，通常只要將光照向自己心裡的暗點，自我療癒就發生了。

這裡所謂的「暗點」，就是指傷口、黑暗面。而「光」，指的是意識之光。所謂將光照向自己心裡的暗點，就是勇敢面對傷痛、直接感受情緒。而不是刻意做些什麼，或利用什麼工具，將它像腫瘤一樣切除。

## 療癒，可以DIY？

所有的療癒，都是「自我療癒」！

所謂的「療癒師」，只是從旁協助「客戶」——有些人說「個案」——釋放負面能量，找到自己內在的光源。在使用諸多療癒工具的同時，療癒師也替客戶維持一個高頻率振動的磁場，讓客戶可以在安心、安全的能量場中，認識自己、回歸本質。

Mophael寫本書的主要目的，就是將協助客戶自我療癒多年的工具，用最直接、最簡單、最口語的方式，毫無保留的分享出來，讓讀者在家就能——療癒，DIY！

## 徹底療癒，非清理、移除負面情緒

宇宙的能量，從二〇一二年六月金星逆轉後，就大量送來了「陰性能量」，協助地球平衡過度使用的「陽性能量」。所謂陰性能量，用在情緒療癒上，指的是：允許自己待在負面經驗之中，同時直接去感受所生的負面情緒。

倘若，在情緒療癒上，遇到了負面經驗，你還是本能的用理智分析問題，企圖找到所謂的源頭，再用力做些什麼清理、移除負面情緒，就是使用陽性能量。結果是：逆著宇宙的能量辦事，自然事倍功半。

## 如何活用「情緒療癒的八個配方」？

建議大家，先將八個配方看過、聽過，等有了基本的認識之後，再憑直覺回去你最有感覺的配方，並且，多花一點時間練習——也許是更仔細閱讀，也許是反覆聆聽錄音。

負面情緒來襲的時候，可以翻到本書最後的附錄「自我療癒的七個處方箋」，按照建議自我療癒。當然，若要自行排列組合這些配方，或者加進你本來就知道的其他工具，都是很棒的呢！

加油，神力，就在你手中！

Formula 1

第一個配方

# 與你的內心小孩和樂相處

# 就是要肯德基

很多年以前，台灣的肯德基出了一支電視廣告片，引起不少觀眾的注意，甚至諸多議論。在廣告影片裡，有個成年的大男孩躺在地上打滾，一邊哭一邊鬧，說什麼就是要吃到正宗肯德雞炸雞！

如果，你一腳踏進肯德基看到這個劇情，請問你，你的本能反應是什麼？這個問題，我問過很多「綜合深度療癒」的客戶。大部分的人，都回答如下：

有些客戶回答：「覺得他很丟臉！」

我語氣平和的確認：「所以你會本能的『評論』他的行為，認為他是丟臉的？」

「是啊！」

有些則回覆：「我會叫他馬上起來！」

我語氣平和的確認：「所以你會希望他立刻做出理性的改變？」

「是啊！」

如果，我告訴你，這個大朋友之所以用這樣的方式吵鬧，是因為他在成長的過程中，深深覺得自己不被愛——覺得自己沒人在乎、不被傾聽、不被理解。他內心有一個小孩，因為得不到渴望的愛，於是用這樣的方式來「討愛」——他真正要的其實不是炸雞，而是愛！那麼，你看到他在地上打滾哭鬧的反應，會有什麼不同嗎？

有些客戶語調隨即柔軟了起來：「我會去抱抱他！」

「因為，你可以理解他不被愛的心情？」

「當然囉！」

有些客戶也跟著心疼了起來：「我會坐在他旁邊，讓他盡情發洩！」

「儘管他討愛的方式很討人厭，你還是給他愛？」

「因為他缺少愛嘛！」

抱抱那大男孩、坐下來陪伴他，都是人類展現同理心的具體表現。從這個簡單的情境，可以看得出來，在每個人的心裡，都有一個很柔軟的部分，裝滿了慈愛溫情的同理心。然而，有趣的是，當鬧情緒的人轉回我客戶自己身上，卻得到截然不同的回應。我通常都會進一步問他們：「對於你自己呢？你有沒有想過，負面情緒爆發出來的時候，你心裡真正想要的，是不是也是愛？」

「應該是吧！」客戶的語氣沉了下來。

「那麼，為什麼你卻要求自己，立刻做出理智的改變呢？」

「對吼！」客戶的電燈泡亮了起來：「我每次都會要求自己馬上轉念！但是，每次都不管用！就算偶爾有用，效果也不持久！」

我繼續問：「你那麼大方對別人展現同理心，為什麼從來沒想過，也對自己展現一下同理心呢？難道，你不值得嗎？」

客戶不是陷入一片靜默，就是傳來陣陣尷尬的笑聲，因為他們終於明白，過去真的對自己太過嚴苛了！

在地球上的每一個人，心裡都有一個渴望得到愛的小孩——就和那位肯德基男孩一樣，你的心底深處，也住了一個這樣的小孩。他，就是「內心受傷小孩」。一般人，都將他稱之為「內在小孩」，我喜歡稱他為「內心小孩」。

# 內心小孩

我深深相信，在新時代靈性成長、自我療癒概念十分普及的今天，各位大概都聽說過「內心小孩」。我在我的上一本書《與你的指導靈成為好麻吉》中也提到過，通靈對於內心小孩的實質幫助，以及自我療癒有很大部分都是在療癒內心小孩。不過，我們在這裡要從另一個角度來談——如何與內心小孩和樂相處？又怎麼對他表示愛、展現耐心？

當這位受傷的小朋友跑出來吵鬧，不管用的方式是什麼——可能是生氣、可能是鬧彆扭、可能是冷漠武裝自己——請問一下：你，還要用過去父母對待你的方式，嚴厲要求自己一定要立即做出理智的改變，成為你想要的那個樣子嗎？應該不會吧！你甚至會覺得，這麼做是很殘酷無情的。因為，你終於弄清楚了，內心受傷小孩為什麼會這樣吵鬧——因為，他想得到你兒時沒有得到的愛啊！

好，弄清楚這一點，你就不會再想用什麼工具，去「對付」你的內心小孩，要他立即停止吵鬧、修正行為，而是開始對他「展現同理心」。

首先，你要讓他明白的感受到：我瞭解，你為什麼會有這樣的感受；我知道，你為什麼會有這樣的表現。也許你並不同意他的行為——在公共場所的地上打滾很失禮，但你還是可以對他展現同理心。真理是：**你一定要先展現同理心，才能夠做出理智的改變！同理心，才是我們內心受傷小孩真正需要的——不是說教，不是打罵，更不是要求他即刻修正行為！**

## 展現同理心・一式三招

那麼，怎麼對內心受傷小孩展現同理心呢？我要分享的是「一式三招」，這些都是效果強大的美好招式！

**第一招：四句箴言**。

看你想怎麼叫自己，就輕柔的呼喚那個名字：「某某某，你這樣是ＯＫ的，是正常的，我接受你，我愛你！」請你柔情密意的、真心誠意的多說幾次。你將發現，負面情緒很快就會緩和下來。

**第二招：我懂你的**。

請你真真切切的對自己說：「某某某，我知道你正在受苦，我可以理解你的想法，也可以體會你的心情，我懂你的！」你不妨想想，當你受到負面情緒所苦之際，要是有人這樣慈愛的對你說這番話，你的感受會是什麼？你，一定會感到十分溫暖動人，是吧！

**第三招：一樣愛你**。

請先將心裡充滿最誠摯的愛，再溫柔的告訴自己：「某某某，你可以放心把所有的情緒都表達出來，不管你有什麼樣的情緒，我都會在這裡陪著你！你也可以安心把所有的想法都說出來，不管你是用什麼方式說，我都一樣愛你。請幫助我瞭解你，因為我很在乎你！」

我們成年人今天所產生的負面情緒，多半是出於內心小孩受過傷的關係。**每一個負面情緒，都是一個自我療癒的機會，更是一扇通往天界的窗口**。然而，當我們深深受到負面情緒困擾的一瞬間，總會無意識的以自小從父母身上看來、聽來的樣板，無情苛責自己、嚴厲告誡自己，甚至，殘酷折磨自己！經過了幾十年的努力，我們衷心期望淬練出來的正向改變，卻一直都沒有出現，為什麼呢？

因為，**我們的內心小孩真正想要的是——關愛、耐心、在乎和理解啊！**

過去，也許你的原生家庭裡，沒有人對你展現同理心，也沒有人讓你知道自己的價值——你不曾有過被在乎、被理解、被疼愛的感受。不過，當成年人的自己，熱切對內心小孩展現同理心時，你心中的結，至少會打開一大半。試試看，你就會明白！其實，你是可以這樣包容寬大的愛自己。

# 與內心小孩和樂相處的方法

很多年前，我在保險公司做業務時，成立過一個「心靈成長」的互助社團。從那時候開始，我就有意無意的在尋求各種「與內心小孩和樂相處」的方法。經過歲月的洗練，我累積了多年協助人們療癒的實戰經驗，讓這些方法變得更精練有效。我特別推薦以下三種方式，期盼能帶領你創造出與內心小孩親密又和諧的關係。

## 1. 空椅子療法

空椅子療法，英文叫做Empty Chair Therapy，是現代心理學之中常常用到的一種自我療癒的工具。

以下，是我替你整理出來的操作方法，以及注意事項——

◎**找一張空椅子**。把椅子放在自己面前，想像年紀很小的自己，就坐在你面前。

◎**設定「內心小孩」的年紀**。建議你，最好把這個小孩的年紀設定在十歲以下。科學家證實，我們在學齡之前——也就是五、六歲以前——大部分信念就已經形成。所以，孩子通常在十歲以後，各種表現情緒的習性就固定了。我們在這裡以十歲為界線，最大不要超過十二歲，設定在這個年紀，是為了反映你潛意識的年紀。

◎**喚回你的記憶**。你不妨回想，或者用想像的也可以。兒時的你，在表達自己負面情緒時，父母親總會軟硬兼施、用不同的方式制止你。於是到了最後，你什麼都不想說，因為說了也沒有人聽；或者，你乾脆大鬧脾氣，讓他們不得不聽。這種表達或不表達的習性，在我們小時候就已經成形。試著回到更早的時期，慢慢喚起這些負面記憶——也許是一種感覺，一種身體反應，你其實記不得所有的細節，也想不起來到底發生了什麼事情。沒關係，這很正常！

◎**對內心小孩說話**。接下來，望著這張空椅子，想像三歲或五歲的你坐在上面，看看當下你想對他說什麼，就自然直接的說出來。你可能會感到十分驚訝，自己居然脫口說出那些話。如果，你實在想不起任何小時候的特別事件，也還是可以運用這個方法，針對成年時期你記得的事件操作。譬如說，你大學聯考失利、二十八歲那年被男友拋棄等等。你都可以回到那個時候，用第三者的角度告訴當時的自己：「我知道，當時你的心情如何如何，你一定感到怎樣怎樣。」這，就是對自己展現同理心。

你可以說：「我知道，你在二十八歲那年，被男朋友拋棄了，他莫名其妙的就不再接你的電話，從此人間蒸發……」你大致描述一次事件的經過，然後繼續說：「我知道你非常悲傷，也非常困惑，甚至非常的自責，不知道自己究竟做錯了什麼！」

好，這是處理情緒的部分。

除了情緒之外呢，你也可以說出你的想法。你可以對他說：「我可以理解，你那時一定完全不能夠接受他這樣對待你，你覺得他非常過分、很殘酷。」請記得，你要用第三人稱說：「我知道你發生了怎樣怎樣的事件，我可以理解你如何如何的想法，我可以體會你那樣那樣的心情。」

總之，藉由這個機會，把當時的想法跟心情，毫無保留的講出來。這，也是對自己展現同理心的具體表現！

再一次提醒你，最好回到十歲以下的過去，這樣情緒就能夠處理得更徹底！當然，如果有一些成年或青少年時期的記憶需要做更深層的釋放，也可以回到那個時候，以相同的方式處理，讓內心深處多年來需要療癒的傷痛，被愛與光照亮，同時找到釋放的出口。

◎**以成年人的你，給過去的自己建議**。你對自己展現同理心之後，可以開始給過去的自己——也就是你的內心小孩——一些建議。你可以想像一下，此時此刻的你——成年人的自己——會怎麼建議過去的自己。

前面的階段，你說：「我瞭解你有這樣的心情，我懂、我瞭解。」這就是讓他知道，他是被理解、被人關注的；他的情緒是被允許表達出來的。後面這個階段，你要從一個客觀、成熟大人的角度建議這個小朋友，怎麼樣才能突破這樣的困境，或改變這樣的情緒習慣。請記得，是用成年人的角度，來柔性的建議他。

更有趣的**進階做法是：假裝你不是你自己，你是你最要好的朋友，或者是你心馳嚮往的超級偶像**。譬如說，你最好的朋友是楊丞琳，那你就假裝你是楊丞琳，跟內心的那位小朋友講話，也跟現在成年的你談話。講話的方向，都是給予客觀的建議。看要如何改變這樣的習慣，超越這樣的傷痛。或者，從局外人客觀的角度，你怎麼看待過去的傷害、因為受傷而形成的情緒習慣，以及長年來承受的心酸與苦楚。

## 情緒帶來的痛苦，有如被鬼附身

你應該已經有過無數次的切身經驗，情緒帶來的痛苦一旦發作起來，根本沒得控制！這個狀況，我個人都稱它爲「被鬼附身」。這個鬼，指的是你的「心魔」，也是你「內心小孩」多年來爲了求生存衍生出來的情緒習性。人在情緒需求沒有被滿足的時候，就會產生某種特定反應機制，久而久之，自然建立起習慣。有些人，可能用吵鬧的方式，譬如說那個肯德基男孩。有沒有？這就像是被鬼附了身。

說到「被鬼附身」，我個人認爲，我們文化中有許多被鬼附身的故事，其實都是心魔難解。只是因爲大家不瞭解，或不想去探索自己內心的傷痛，就推給一個外在有形的「邪魔」或「惡鬼」，方便的說，是被「卡到陰」。而我個人認爲，這些大多都是出自我們的心魔。因此，如果你對於自己的內在越瞭解，也會越願意點亮內在的光輝，照向黑暗之處，你就會知道如何化解所謂的「卡陰」與「見鬼」囉！

**重要提醒**：最後再提醒各位一次，這個空椅子療法的最後一個階段，就是你**以客觀、局外人、而且是成年人的角度，來對待成年的自己，並對內心小孩說話，給予他一些建議**——他該怎麼做、他能如何改變。你也可以運用這樣的句型：「從我的角度來看你的問題，你可以在哪裡哪裡，做些怎樣怎樣的改變」，或者是「你可以試試如此如此的方法」。

以上就是空椅子療法的操作方法及注意事項。我這些年來，用這個方法協助客戶、學生與自己，都得到超讚的見證！我深深相信，只要你願意試試看，時機也到了，對你的幫助，一定也出乎想像的大！

請多試幾次，有的時候，第一次操作不得要領，時機也不成熟，可能感覺不會太強烈。但是沒關係，你可以等一陣子，再回來試試看。當然，不管感受如何，這個練習，都是可以反覆操作的。

### 貼心建議與提醒

❖ 你不妨將那些給內心小孩的建議，以錄音或文字記錄下來，事後再回頭去看。你會發現，自己的分析和建議，是很有意思、極具智慧的呢！

❖ 透露一個小祕密：從靈性成長的角度來說，你那客觀、成人的自己，很有可能是你的指導靈、你的天使，或者是你自己的靈魂在引導你可以怎麼做，來協助你的內心小孩釋放傷痛、自我療癒，以及靈性成長。

## 2. 二十四小時抱枕法

請你找一個枕頭，枕頭的大小，是可以抱在懷裡的。枕頭不要太大，太大了，你大概沒有辦法放在你的包包裡。

這個枕頭，我要建議你至少、至少一週，一星期七天，一天二十四小時，片刻不離身。一有空閒時，就把這個枕頭抱在懷裡，想像它是你的親生小孩。你一定要常常抱著它，上班上學時，也把它放在你的包包裡。因為，它代表你的內心小孩。

為了表示對它的愛、對它的關懷、對它的瞭解——就真心誠意去瞭解它，為什麼會有那樣的感受！請記得，一定要隨身攜帶。

你若覺得不好意思的話，請好好的問自己：「我是不是對過去的自己，感到羞恥？無法接納？」

當然，你可以把它「藏」在袋子裡頭，等到有負面情緒的時候，或者是你想對它表達愛意、關懷的時候，就從包包裡拿出來，如果你覺得公共場所不方便的話，就找一個方便的地方躲起來做囉！不過，還是請問自己：「我為什麼不敢在公共場合，對自己表達愛？」

請把它抱在你的懷裡，對它說出你內心想說的話。當然，你也可以依照以下的模式來說！

首先，一樣，請展現同理心！怎麼展現呢？就是前面提供的「一招三式」。

接著，對它表達你的關心跟愛意。你可以對它說：我真的好愛你，我覺得你怎樣怎樣——比如說，我覺得你非常值得、非常聰明，或是你長得好可愛，你真的好棒等等。

換句話說，當想對它說些什麼的時候，就把它拿出來抱一下，柔情密意的跟它說話。

假設，你沒有什麼要說，只是想要表達對它的關心，你也可以把它找出來，緊緊抱在懷裡，靜靜的坐在那裡幾分鐘。

當自己有負面情緒的時候，就把它拿出來，表達你的關愛，想像那是你的內心小孩在鬧情緒，所以你要安撫它，表示你的同理心，同時給它你的愛與關懷。另一種做法，就是當你想對它表達關心、在乎，還有愛意、溫情的時候，也把它拿出來，對它說那些話，跟它坐一會都可以。

還有一種操作方式，也可以試試看。這個方式，有些人會覺得比較難一點。不過，它會讓你深刻的意識到，你內心小孩的存在跟需要。同時，也會讓你清楚瞭解，當一個父母親真的不容易。操作方式是，你要想像這個小孩是一個活生生的小娃兒。你要想像，你正在養育它。

你大概要去設想一下：它一天可能要喝三、四次奶。還有，它可能早上六點要起床，接著，可能要喝奶、可能要換尿布，然後，你要幫它洗澡、為它穿衣服等等。這個方法，就是想像它是一個真的小嬰兒，要請你幫助它做這些事。

在情緒的層面上，這個小孩當初在成長的環境裡，可能得到許多負面的能量。譬如說，父母親爭吵，或者父母親用那種「不鼓勵也就算了，反而還用打擊他的方式」與它互動。至於你，你得一百八十度反過來，每天晚上睡覺之前跟它談心、說話，將當初你自己還小的時候，在家中沒得到的那種氣氛、沒有得到的那種愛、關懷、注意、鼓勵，全部都付出給這個枕頭——也就是你的內心小孩。

你和它談心時，可以參考以下的原則——

◎**你如果希望自己小時候得到鼓勵，就鼓勵這個小孩子**。你可以告訴它說：「你不必害怕犯錯，錯誤其實就是幫助我們進步神速的好老師。所以，你要勇敢的去嘗試。我鼓勵你去做，不管結果怎麼樣，我都會支持你，我都會在這裡陪伴你，也會在這裡一直愛護你。」

◎**你希望父母親用什麼樣的方式來表達對你的愛，你就用那樣的方式，對它表達你的愛**。譬如說，你希望多得到擁抱，你就經常擁抱它；你希望父母親用比較溫柔的方式和你說話，或者用輕聲細語、語氣平和的方式，來跟你溝通、談天，那麼，你就用那樣的方式來跟它談話！

總而言之，「己所欲，施於人」。你自己應該最清楚，想要怎麼樣被對待，那麼，你就那樣對待自己的內心小孩囉！

## 3. 寫信給自己

如果你不想要抱枕頭，你也不喜歡跟空椅子說話，沒關係，你可以選擇「寫信給自己」，寫信給當時的那位小朋友。

在日本，有一首引起廣大共鳴的流行歌曲〈信紙〉，是歌手Agelia Aki寫給十五歲的自己的創作。現在已經是成年人的她，發現小時候的她，寫了一封信給自己。於是，就用成年人的角度，回了一封信給那個小女孩，再為它譜曲，寫成一首歌。這首歌在台灣由劉若英翻唱，十分受歡迎。

其實，這個點子是非常有療癒效果的！

在知道這首歌之前，我就用過這個方式，協助客戶深度療癒，因為，它非常符合宇宙為了協助地球進化，大力送來一波又一波的陰性能量。它，鼓勵我們「直接面對」、「勇於感受」自己的心情。所以啦，你也可以用這樣的方式，來跟你的內心小孩互動。

它的操作方式及注意事項如下——

◎**寫信給小時候的自己**。想像你回到可能五歲以下，也許十歲以下的小朋友，以成年人的角度寫信給那個小朋友。

◎**運用展現同理心的句型**。「我知道，小的時候爸爸對你怎樣怎樣，說了什麼什麼，做了什麼什麼。我可以理解，你的想法是如何如何，我也可以體會，你的心情怎樣怎樣……」

◎**再一次的叮嚀**。簡單明白的說，就是對他充分展現你的同理心。

◎**原諒你的內心小孩**。倘若寫到最後，你發現自己在心情和情感上，是準備好要原諒這個內心小孩的話，你就跟可以他講：「我接受你，我愛你，我就是愛你這個樣子。我接受你，我愛你，我就是愛你這個樣子。我接受你，我原諒你，你什麼都沒有做錯，你不過是個小孩子，會發生這些事情，不是你的錯！去做一個小男（女）孩該做的事兒，那就是天真快樂的長大，自由自在的玩耍。我原諒你，我釋放你自由，你自由了，我也自由了，因為我已經原諒了你！」

◎**持續送光**。接下來，建議你連續至少一週——若能連續三十天以上最好，每天花一點時間，送光給這位小朋友，也就是「送光」給你的內心小孩——尤其是，當初受了傷的內心小孩。

## 送光，給你的內心小孩

怎麼送光給你的內心小孩呢？我詳細解釋一下操作方法——

1. 先讓自己安靜下來，調整呼吸幾次，讓能量振動頻率提高。
2. 然後，想像你從宇宙召喚過來一道光，把你全身從頭到腳都照亮，接著，再想像光從腳底發射出去，到地球的中心，這個就是「引光接地」。
3. 接著，想像從你的胸口，開出一朵粉紅色的玫瑰花。請盡情發揮你的想像力，讓它變得非常的美啦、優雅啦、燦爛啦，凡是任何你可以想到的、用來形容花的——燦爛、芬芳、高貴、動人的那些字眼，都可以加強你的想像。
4. 再來，從花的中心，發射出去一道光，直接送向這個小孩子的眼睛，先照亮他的雙眼，然後一步步照亮他的整個臉孔，像是額頭、眉毛、鼻子、耳朵、雙頰、嘴巴、下巴。最後，你看著他閃閃發光的雙眼，跟他說：「我接受你，我愛你，我就是愛你這個樣子」。請充滿柔情密意的說三次。
5. 如果，你覺得你想原諒他的話，可以說：「我接受你，我原諒你，你什麼都沒有做錯，你不過是個小孩子，會發生這些事情，不是你的錯！去做一個小男（女）孩該做的事，那就是天真快樂的長大，自由自在的玩耍。我原諒你，我釋放你自由，你自由了，我也自由了，因為我已經原諒了你！」

**重要提醒：送光，必須要持續一段時間。請持之以恆！**

# 療癒內心小孩的正確觀念

協助人們自我療癒多年下來，我發現，有很多人認為：只要原諒或釋放了過去的傷痛，療癒就算完全結束。其實，這是一個錯誤的想法。他們都認為，療癒就好像用一根魔杖，往身上一點，煩惱就會煙消雲散，一切都就突然ＯＫ了！

還有些人，甚至會去追尋一些方式，像使用什麼符咒啦、靈擺啦，企圖用外在能量的介入，來幫助他們消除業障。請別誤會，我不是在批評這些工具。事實上，我個人真心認為大部分的靈性工具，都是良善的，也都有存在的必要。只是，看我們使用的心態及方法如何。

然而，從靈魂進化和內觀修行的角度來看，這些靈性工具，都不會真正、徹底的幫助你。不管是靈擺也好、符咒也好、消除業障也好，也許能讓累積多時的負面能量，暫時得到一些紓解，但到頭來，我們還是得改變自己。

至於，要怎麼改變呢？

這，就牽涉到一點非常重要的關鍵。我們必須先知道，自己需要改變的是什麼，對不對？正因為如此，我們要回到過去處理內心小孩。內心小孩當初受了傷，為了繼續求生存，才會養成一些情緒習慣。你一旦意識到這些習慣的存在，才會瞭解，原來這些深埋在潛意識多年的習慣，才是我們真正要改變的，而不是表面上（意識上）的行為或想法而已。

## 內觀比外求更有效！

我們釋放掉過去的傷痛，原諒了過去的自己，還有過去的父母親。接下來，就是要改變過去的習性。怎麼改變呢？就是先去察覺，我們有什麼情緒的習慣。

來，舉個常見的例子——

每當我們的情緒沒有得到滿足時，我們可能會用憤怒來掩飾悲傷。因此，就像那個成年的肯德基大男孩一樣，任性的在地上打滾，或是氣得直跺腳。然而，憤怒並不是我們真正的情緒，而是悲傷！悲傷什麼呢？悲傷沒有人瞭解我們、沒有人懂我們真正的需求。如果，我們只是在處理憤怒的話，傷口就永遠處理不完呢！

因為，我們真正需要治療的地方，根本不是憤怒或任性！就比如你去看醫生，跟醫生講的是牙痛，其實你是胃在痛。胃痛，才是你真正該處理的，不是嗎？關於這點，我會在「如何有效釋放憤怒」的章節裡，再仔細說明。

靈性成長或療癒內心小孩，都是在向內心探索，希望能深層的瞭解自己——瞭解過去的自己發生了什麼事情、形成什麼習慣，導致你有什麼成年人的表現、用什麼東西來偽裝、用什麼樣的方式來抵抗！只有去除這些表面的假相之後，我們才能知道壓抑在心底深處的暗點——原來，是因為小時候，沒有人在意我的感受、沒有人在乎我的需求！因為不覺得被愛，才急著討愛。這，的確很讓人悲傷。你可以想像，小孩子說話沒人聽，需求又沒人懂，壓抑著不讓他表達，是多麼可悲的一件事情啊！

正因為如此，除非你真的釋放了悲傷，同時瞭解到：原來我真正在意的，不是別人說錯什麼、做錯什麼。我真正在意的，是別人不重視我的需求、不瞭解我的想法啊！然後，你才茅塞頓開：「喔！原來我要改變的是這個模式啊！」——也就是用憤怒武裝悲傷的習慣。

弄清楚了這點，你就會知道，**憤怒對你來說，只是情緒需求沒有得到照顧、沒有人傾聽或在意的結果**。**因此，憤怒，是一個很棒的指標**。有了這個指標，你慢慢就能察覺：我現在的憤怒，很有可能是我內心的情緒被剝奪，或是被遺棄的情結被觸動，真正要處理的，原來是悲傷，而不是憤怒！

當然，你也就能明白：我現在的憤怒，可能是被鬼附身了，因為我的心魔發作了，因為我內心受傷小孩的傷痛被觸動了，或是我的情緒習慣被撩起來了。於是，我產生了這些情緒反應。漸漸的，你就學會怎麼改變自己的習性，不再被憤怒的情緒控制，也不會在盛怒之下衝動做出任何傷人傷己的決定——譬如說，當下就與伴侶分手，或者不分青紅皂白，就跑去跟誰誰誰理論！

因為，這些都是你被鬼附身，失去控制的表現！

總而言之，這就是為什麼，瞭解內心小孩，能夠有效幫助你改變，達成自我療癒及靈性成長目標的原因囉！

有了這點領悟，你就不難體會，追求靈性成長的人，為什麼要告訴你，在人的身體裡頭回到過去——回到童年、娘胎，甚至前世，瞭解自己為什麼會有這樣的行為，你才會知道要如何改變，而不是一味去追尋五花八門的靈性工具。

的確，花了金錢、花了時間，卻達不到真正的效果，不是很可惜嗎?!

基於這個考量，這一章從這個角度來告訴你，你在對內心受傷小孩展現同理心之後，也瞭解一下，他為什麼會有那樣的傷害，為什麼會用這樣的情緒來掩蓋傷口。知己知彼——這個「彼」，其實還是自己——才能百戰百勝，你在自我療癒上下的功夫，能為你創造出更具體、明顯，甚至更持久的美好成效。結果是，你會發現你越來越瞭解自己、察覺心越來越明亮，主控權也就越來越高。如此一來，被鬼附身的情形，就會越來越少，受到控制的時間，也就越來越短！

當然，顯化想要的感情、事業、或人際關係的成功機率，就會越來越高。為什麼？

因為，你的主控權變高了——主控權，都在自己手裡囉！

# 重點複習

**☑ 為什麼就是要肯德基？**

肯德基大男孩在地上打滾哭鬧的真正原因，是因為內心的受傷小孩需要愛！

**☑ 內心小孩真正需要的是什麼？**

同理心，才是內心小孩真正需要的。不是說教，不是打罵，更不是要求他即刻修正行為！

**☑ 每一個負面情緒，都是自我療癒的機會**

我們成年人今天所產生的負面情緒，多半是出於內心小孩受過傷的關係。每一個負面情緒，都是一個自我療癒的機會，更是一扇通往天界的窗口。

## ☑展現同理心．一式三招

第一招，四句箴言。

第二招，我懂你的。

第三招，一樣愛你。

## ☑與內心小孩和樂相處的方法

1. 空椅子療法
2. 二十四小時抱枕法
3. 寫信給自己

## ☑療癒內心受傷小孩的正確觀念

釋放負面情緒後，還得改變。唯有瞭解自己的情緒習慣，才知道如何改變。

**☑ 內觀比外求更有效！**

向內觀，才能明白自己為什麼會有那樣的傷害，為什麼會用這樣的情緒來掩蓋傷口。自我療癒的功夫，才能創造出更具體、明顯，甚至更持久的美好成效。

Formula 2

第二個配方

# 手指神功——化解負面情緒的超強神功

## 與負面情緒相處，讓內心小孩走出陰影

這個配方的目的，是要大家跟自己的負面情緒相處；同時，教大家一個減緩、甚至完全化解負面情緒的超強神功——手指神功。當然，若**能和負面情緒正面相處，就等於承認及接受內心小孩的傷口，而承認與接受，是深度療癒的開始**。因此，以手指神功協助內心小孩釋放負面情緒，可以幫助內心小孩走出童年的陰影！

# 手指神功的三個優點

「手指神功」，其實是從英文E.F.T.翻譯過來的，意思是：「情緒自由的技巧」。

E：是emotional——情緒的。

F：是freedom——自由。

T：是technique——技術或技巧。

顧名思義，這個工具設計出來的主要目的，就是幫助大家達到情緒的自由。我個人覺得，它是個非常好用的工具。

它的優點有那些呢？

**第一個優點，幫助你快速而有效的處理負面情緒**——傷心也好、痛苦也好、憤怒也好、嫉妒也好，或者是焦慮、緊張等等都非常有效。

我在自修手指神功的時候，購買了一整套教學及示範影片。影片透露出，這門功夫，可以幫助抽菸者戒除菸癮，或是那些怕水不敢游泳的人。更令人驚喜的是，它還被用來協助七〇年代的越戰退伍軍人，他們的心理大都受到戰爭後遺症的痛苦與折磨——晚上睡不著覺，或是容易被惡夢驚醒，因為戰爭的畫面太殘酷，如夢魘般一直揮之不去。

後來證明，手指神功對他們有很大的幫助。

正因為如此，我個人學會了這套功夫之後，也用它來幫助我的客戶及學生。從二〇〇八年開始，我開了一門「能量疏通」的課程，主要幫助大家疏通負面情緒，透過吸引力法則加速夢想人生的實現。後來我學習了更多的工具，像是催眠、以及我自己研發出來的「慈悲手」、「想像療癒」和「內心受傷小孩」療癒法等等。後來，這課程就改成「綜合深度療癒」課程。其實，你要說它是「能量疏通」也一樣，精神與意涵是一樣的，只不過那個時候的工具是「手指神功」和「色彩呼吸」。現在，工具變得比較多一點。當然，未來也可能還會有其他新的工具也不一定。

E.F.T.一如它的英文命名，它的第一個優點，就是可以處理你的情緒，幫助你得到情緒自由。

**第二個優點，配合中醫的穴位，透過敲擊一些身體上的穴位，協助你疏通負面能量。**

各位一定都已經知道，情緒的能量會集結在身體及心理。倘若，你能夠配合敲擊這些重要的穴位的話，那麼從身體或是情緒上，甚至從靈魂的角度來說，都可以幫助你得到能量上的輕盈。

**第三個優點，由負返正：化解負面情緒，心情變好。**

我個人使用它的時候，會加上修改大腦編組的概念，換句話說，就是「由負返正」的概念。它不單能化解負面情緒，還將能量提升為正面能量。更棒的是，可以將負面模式，變成正向思維，帶給我們好心情！

我長年以來使用它幫助我的客戶跟學生，效果非常、非常棒！也因為不斷的操作與練習，我自己研發出算是一個「改良版」的組合。這，跟我當初在學習傳統的E.F.T.，可以說有挺大的差別。

如果，各位對於原版的E.F.T.感興趣的話，可以在Youtube搜尋到不少相關的影片。那一年，我剛開始學的時候，有個組織專門在推廣E.F.T.，那個組織的領導人是Gary Craig。

手指神功，真的是非常棒的療癒工具。當然，因為使用過無數次，喜歡搞些新花樣的我，總在不小心或不經意之下，加進我個人的新意。要是講改良，好像把自己講得很了不起的樣子，其實，就是加上一些改變。也因為發現有一些新的東西可以加進來，所以效果變得更好、更棒了。

它，是一個隨時隨地都能做、一個很棒的靈性、情緒的療癒工具。教了你之後，你自己就可以在家操作，甚至可以隨時隨地使用，不需要專家在旁邊帶領你來做。

# 手指神功：敲擊穴位、說一些話

手指神功，主要分為兩個部分：

**第一個部分，敲擊穴位。藉由這個小動作，讓你身上的能量流通。**

其實，如果你稍微懂一點中醫、懂一點經絡的話，你就會知道，不同情緒的能量，會儲存在不同的經絡裡。以前剛開始學手指神功的時候，我還不太瞭解這些。後來對於中醫有了一點點認識，對於經絡也有一些些瞭解，才知道：喔！原來那時候要敲這裡，這時候要敲那裡，就明白清楚了。因為，它有敲擊穴位的部分，我將會告訴你一些相關穴位。

**第二個部分，說一些話。**這個部分，又分成三項要點：

1. **說引導詞。**
2. **說你的負面情緒——當下處理的情緒。**

### 3. 說由負返正的正面肯定句。

好，接下來我們就來談談，要怎麼使用手指神功，幫助你處理負面情緒。

## 療癒負面情緒——承認、面對、釋放、轉化

請問問自己，在過去幾十年裡，負面情緒出現了，你都怎麼處理？我猜想，你的做法，一定跟大多數人——包括過去的我一樣，因為不喜歡它嘛，所以就可能會壓抑、逃避跟抗拒。甚至還有人跟你講：「時間，是療癒傷口最好的工具！」

事實上，負面情緒不會因為你壓抑、逃避、或抗拒而消失。過去沒有處理的負面情緒，其實都不會真正的離開。真的，不會離開！

西方榮格心理學派也主張：「為了得到療癒，必須去感受情緒。」

由此得證，**負面情緒最好處理的方式，就是承認它、面對它，然後，進一步釋放它，最後，再將它轉化成正面的能量。這個正面能量，也就是所謂的「愛和光」**。

這個自我療癒的原理及過程，我個人除了在推廣「手指神功」的時候會這樣做，還有藉由綜合深度療癒，協助大家自我療癒的時候，都會依循著這個概念進行。西方的心理學也很主張這個原則，我在NET廣播節目中分享的一本書《情緒煉金術》

（*Emotional Alchemy*）中也提到過。

另外，佛家教我們觀照的方法，也都用到這個不變的法則。其實，佛家浩瀚精深的教學裡，本來就有非常多現代心理學的概念。也就是說，幾千年前，佛陀在參悟這些道理的時候，就已經預示了現代心理學的原理！

當然，後來不同文化裡的高僧，不管是在印度的、日本的、中國的，他們在觀照、或者自我療癒的過程當中——對他們來說，其實就是修佛——也清楚體悟到這些釋放負面情緒的原則。

來，再提醒大家一次：負面情緒來襲時，要怎麼處理，它才會真正的離開？

**首先，要承認它，然後再來面對它**。

有很多人，是不太承認自己有負面情緒的。譬如說，明明就是在生氣，有人問他說：「你還好吧？」他語氣尖銳而火速的回覆：「沒有！誰在生氣啊？」其實，一聽就知道，他就像身上長了刺一樣！或者是，明明悲傷得心都要碎了，你關心的詢問：「你怎麼了？」他卻回答：「沒有啦，我身體不舒服！」其實卻悲傷得肝腸寸斷。這些，都是不願意承認自己的負面情緒。

**唯有先承認它之後，才能真正面對它**。

講到承認，有許多人似乎誤會，是要你逼著自己怎麼樣怎麼樣，或是拿根鞭子在後面抽你往前進。不是這樣的！承認，就只是自己告訴自己說：「ＯＫ，我有這樣的情緒狀態而已。」

當你在意識上，瞭解自己有這個狀況之後，才能對自己展現絕對的「同理心」，踏上釋放及療癒的過程。

然而，什麼叫同理心？

**同理心就是你能夠瞭解、不批判的意思。這，其實就是佛家講的觀照，也就是客觀的觀察及傾聽**。當你在觀察自己的情緒或想法的時候，過去你常常會貼上標籤說：「喔！這是不好的、這是不應該出現的、這是不對的等等……」於是，就會出現一些抗拒心，或者隨之而生的強大負面情緒。

請記得，當你意識到自己有一些負面情緒的時候，其實不用害怕。你，只需要承認：「喔，我注意自己有這個狀態，同時也接受它！」最重要的是，請不要批判它的存在或出現。你，只要意識到它在就好了。

手指神功也是一樣，這原理就是承認它、面對它、釋放它、再將它轉化成愛跟光，或是正面的經驗。這，其實達賴喇嘛也提過：**如果你要改變一個過去的情緒習慣，首先**

**是你要意識到它的存在，然後做一些什麼去改變它**。不過在意識到它存在，跟做些什麼改變它之前，中間會需要之前說過的——充分對自己展現同理心。

怎麼講呢？跟你舉個例子吧！

譬如說，現在有一個人正在發飆。他也知道，自己過去可能有一個情緒模式，也許跟他的內心小孩有關。在這個強大負面情緒當下，你要是跟他講：「你應該要趕快改變，因為這是你過去經驗的重現，跟現在發生的事件沒有這麼大的關聯！」你試試看，他會聽你的，才有鬼呢！你沒有被他狂罵一頓，或是摑一巴掌，就已經很幸運了！

因為，當下真的不適合嘛！就算他過去的情緒習慣並不是事實，跟現在這件事情可能也毫無關聯性，可是，因為他覺得是真的，而且真真實實感受到那排山倒海而來的激憤！在這個火藥味十足的當口，你跟他講道理，或是你要讓他改變，是完全沒有效果的！

當然，用在你自己身上，也一樣。

**這也就是為什麼，在面對自己負面情緒的時候，請先承認它，當然，請記得要給自己溫柔感性的同理心**。

怎麼給呢？很簡單。

來！看你怎麼叫自己的名字？在這裡，我們都舉「圓仔花」當例子好了。你可以跟自己說：「圓仔花，你這樣是ＯＫ的，是正常的，我接受你，我愛你。」

這四句話，被我的學生稱為「四句箴言」。說白了點兒，其實就是對你自己展現同理心。也就是，對那個為情緒所苦的自己展現同理心。試試看，當你這樣溫柔的、慈愛的多跟自己講幾次，你會發現，當下那個很強烈的個人負面情緒，會慢慢的緩和下來。這個時候，要你做一些理智上的改變，或是叫你做一些釋放的動作，你才會願意嘛！對吧？

當人類在負面情緒強大的衝擊下，不管是悲傷、憤怒、焦慮等等，其實什麼都不想做！我們最希望的，就是這個東西趕快消失，最好像變魔術一樣，眼睛一眨，立即變得無影無蹤。大部分的人，大多時候是不會跟自己說：「好！讓我來面對它一下、讓我來處理它、讓我來轉化它、改變它！」你，大概也不可能做這樣的事情。所以啊！不要急著做出理性的改變。請記得，先給自己寬廣的同理心。怎麼給呢？剛才說過，你可以跟自己說：「圓仔花，你這樣是ＯＫ的、是正常的、我接受你、我愛你。」千萬記得，請真心誠意的多說幾次。或者，你也可以自己跟自己說：「喔，你真是受苦了，我明白、我瞭解你在受苦，辛苦你了。」

所謂同理心，就是你瞭解對方的感受、瞭解對方有這樣感受的緣由，你不用去評判，他這樣子的想法或情緒是對或錯。同樣的，把這個同理心放到自己身上來。也就是，當你有負面情緒出現時，不要急著跟自己講說這樣是對是錯。只要意識到它、觀察到它，然後給它同理心。我們剛說過，除了四句箴言之外，你還可以跟自己說：「啊，我瞭解，你真是受苦了、辛苦你了。」或者是，你可以說：「我瞭解你的痛苦，我明白、我知道的！」

記得，溫柔慈愛的多說幾次，那個內在的你抗拒要改變，或是抗拒要療癒的——所謂的「抗性」，就會慢慢的減低，甚至會被釋放掉。這個時候，你才來做情緒的釋放、才來做能量的轉化——就是把它從負面轉換成正面的——也就是說，改變你過去習慣的意思。

這個原則，真的超級重要，請千萬牢記！

# 手指神功的穴位

我先跟大家仔細解釋一下，手指神功要敲哪些穴位。

**1. 眉頭**

首先，第一個穴位，在你一雙眉毛上，我們叫做「眉頭」。就是你眉心的位置，靠近雙眉的中線。因為在眉頭，也就眉毛的開頭，所以我叫它眉頭。請放心看下去，你不用急著現在要記得所有穴位。因為，等一下我們舉的例子，會帶著你一起做，大概做兩、三次就熟了。當然，你要是先做筆記，也是可以的囉！

**2. 眼側**

好，再來是你的「眼側」，也就是你眼睛的旁邊，或是，你眉毛尾巴的兩個點。這裡，我們叫它「眼側」。

**3. 眼下**

第三個穴位，我們移到「眼下」，也就是你的眼睛正下方。

### 4. 鼻下跟嘴下

再來呢，就是你的「鼻下」跟「嘴下」。鼻下，就是你的人中的地方，也就是你鼻子以下，上唇以上的區域。嘴下，就是你的下唇和下巴之間的地方。這兩個穴位，等一下我們敲的時候，會一隻手在鼻下，一隻手在嘴下，同時敲。OK？

### 5. 鎖骨頭

好，再來往下移到你的「鎖骨頭」。鎖骨的位置，就是你脖子正下方的兩排，左右各一片。我們現在講的鎖骨頭，是靠近你的中心點，脖子中心線的那一點，也就是有兩塊凸出來的、圓圓的骨頭。這裡，叫做鎖骨頭。

### 6. 腋下

最後的穴位，就是你的「腋下」。腋下，就在你胳肢窩下方，男人女人都一樣，高度都是跟乳頭一樣高。你用手比好高度後，移到腋下去。敲這個穴位的時候，我們會雙手抱胸，這樣子比較好敲。

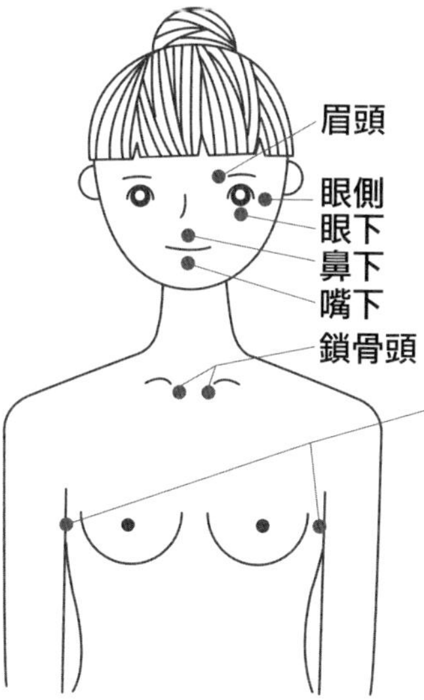
眉頭
眼側
眼下
鼻下
嘴下
鎖骨頭
腋下

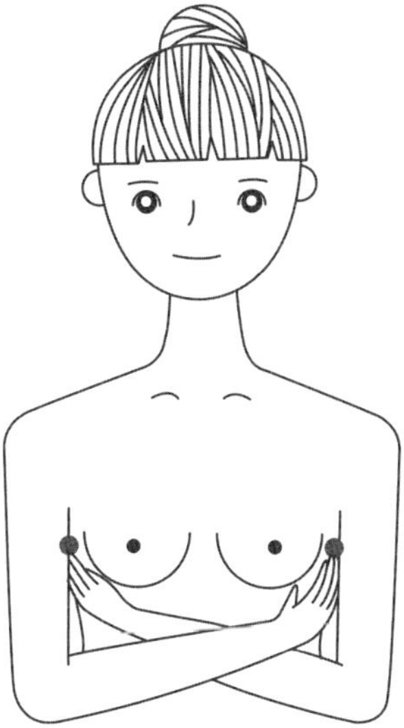
兩手抱胸敲腋下

## 穴位複習

請對照圖示，我們來複習一下這幾個穴位。

1. 眉頭：眉毛的開頭。
2. 眼側：眼睛旁邊。
3. 眼下：眼睛正下方。
4. 鼻下跟嘴下。

（等一下，我說鼻下嘴下的時候，會跟你講「上下交換」，請你雙手上下換過來。譬如說，你本來上面是右手，敲的是人中；左手在下，敲著下巴。上下交換，就是你左右手上下交換手的意思。敲的還是同樣這兩個穴位。這就是我改編過的地方。）

5. 鎖骨頭：我們敲那個圓圓鼓起來的兩塊骨頭。
6. 腋下：跟你乳頭同高。

（這裡，我們會雙臂交叉，抱在胸前，敲你的腋下）。

這些，就是你要敲的幾個穴位。

# 手指神功的操作流程

好的！接下來，我們來說明一下，操作手指神功的時候，有一些簡單的原則。

## 1. 先找你的「情緒」

首先，察覺、承認你的負面情緒出現了。在這裡，我們就以「生氣」為例好了。譬如說，剛才老闆罵我是豬頭，所以，你此刻正在氣頭上，氣得就快要爆炸了！

前面的動作——承認跟同理心，你都做了。接著，你也許會問：「現在要讓我把這個怒氣給化解掉，轉換成正面的經驗，我該怎麼辦才好呢？」

好的，我們一步步來！現在，你的情緒，是生氣，對吧！下一步，你就回想一下，讓我生氣的那個事件，是什麼？一定是發生了某件事，才讓你覺得生氣嘛，對不對？

提醒大家一個重要概念：去想你的「情緒」，而不是你的想法！

協助人們自我療癒的時候，我最常問客戶的就是：「你現在的心情怎麼樣？或是，你的情緒怎麼樣？」他們常有這樣的回應：「他怎麼可以這樣對我，那是不公平的。」這個，是一個想法，並不是一個情緒。情緒，是什麼呢？就是喜、怒、哀、樂！負面的情緒，指的是悲傷、緊張，或是痛苦、壓力很大等等。這些，才叫做情緒！或者是：生氣、吃醋、焦慮，這一類的形容詞。瞭解嗎？

## 2. 再找到「事件」

所以，找到自己的情緒之後，請回頭想一下：那個讓你生氣的「事件」是什麼？我們剛剛說，老闆罵我是豬頭。

在這裡，要特別告訴你的是，最好找出一個清楚的事件。說引導詞的時候，有很多人就只講一個很廣泛的感覺，就好像講：「儘管老闆讓我覺得很生氣，如何如何……」並沒有清晰的把那個事件講出來，所以效果通常不太好，這就是為什麼我要在這裡特別提出強調！

## 3. 說引導詞

好，現在有情緒了，有事件了，我們就要來說一些引導詞。

引導詞，就是在你動手敲身上的穴位之前，要跟自己說一些引導的話語。說這些話主要的目的，是幫助你釋放掉一些抗性，同時跟你的大腦（或小我）講說：「我準備好要面對了，你讓我來面對這些情緒，同時釋放它吧！」因為過去長年累積的習慣，讓你碰到不喜歡、不舒服的負面情緒，你可能就會做一些什麼去蓋住它，或是轉移注意力等等，是吧？然而，那個熊熊怒氣，並不會因為時間流逝而消失。相反的，它會一直存在。它存在在哪裡呢？就在你的肝經裡。久了之後，你可能肝臟會不好，甚至連性能力都會受到影響！這，可是有幾千年智慧的中醫發現的真理。真的，是這樣子。

OK，那回來喔！引導詞，該怎麼說呢？我們知道事件，感受到情緒了，現在就給你三個句型。這三句話，句型都一樣，只是結尾會做一點點更動。

第一句：儘管（事件），我覺得（情緒），我深深的、徹底的「接受」我自己。

第二句：儘管（事件），我覺得（情緒），我深深的、徹底的「原諒」我自己。

第三句：儘管（事件），我覺得（情緒），我深深的、徹底的「愛」我自己。

我和老闆大吵一架，是一個「事件」。我覺得很生氣，是一種「情緒」。直接套用在句型中就是：

第一句：儘管老闆罵我是豬頭，我覺得很生氣，我深深的、徹底的「接受」我自己。
第二句：儘管老闆罵我是豬頭，我覺得很生氣，我深深的、徹底的「原諒」我自己。
第三句：儘管老闆罵我是豬頭，我覺得很生氣，我深深的、徹底的「愛」我自己。

這三句話，就是所謂的引導詞。

跟你自己說這些話，可以幫助你跟你的大腦溝通，等於告訴它說：ＯＫ，我準備好要面對這個情緒了。

## 4. 揉痛點＋說引導詞

在使用這些引導詞的同時，我們要壓一個穴位，這個穴位叫做「痛點」。

你用右手的食指跟中指，去找左邊的鎖骨。就是脖子正中央，連結到上胸部，在左半邊跟右半邊，各有一排骨頭。這裡，就叫做鎖骨。

**請用右手的食指跟中指，去找你左邊的鎖骨，你大概找到中心點之後呢，往下移三**

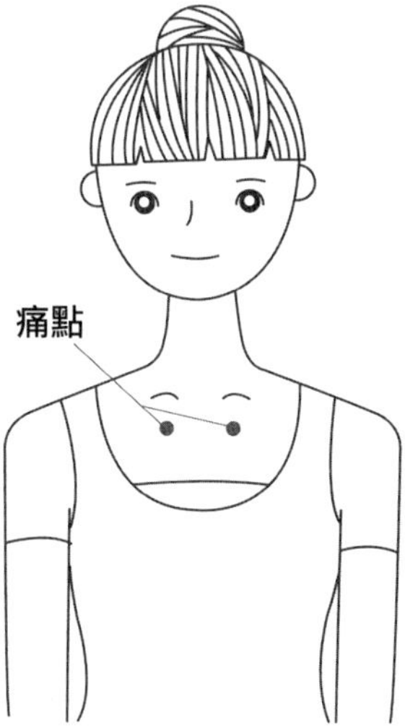


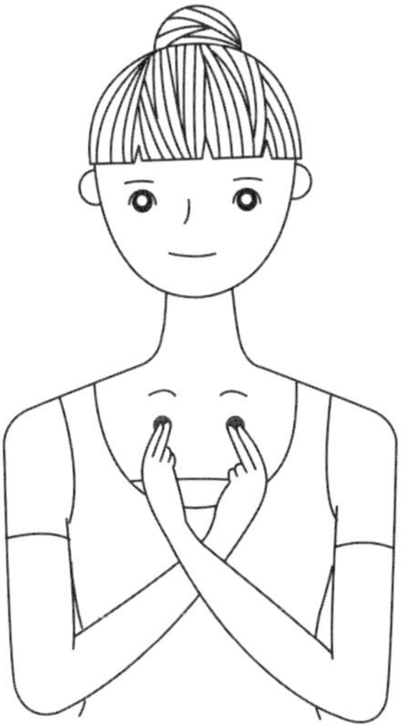

兩手交叉揉痛點

**到五公分**，然後，在那附近戳戳看。你應該會找到一個點，壓下去會有一點點的刺痛、痠痛，或是覺得比較敏感一點。這附近的範圍不是很大，就在這個點的附近戳戳看，你會找到一個壓下去會有一點痠痛、敏感的地方。這裡，就是痛點。

右邊也一樣，就在你鎖骨下方也有一個。這，是另外一個痛點。

現在，你的**雙手在胸前交叉，右手在下，左手在上**。當然，你要上下交換，也是可以的！因為我們剛才先用右手找到左邊，再用左手疊上來，所以現在已經雙手交叉，雙手食指及中指，都個別按到了兩邊的痛點。

現在，你稍微用一點力量壓那個痛點，開始揉它。揉的範圍不要很大，用一點力量。**揉它的用意，就是把這個能量給揉散**。中醫說「痛則不通」，就是能量不通的意思；「不通則痛」，就是能量不通，而產生疼痛的現象。所以，當你持續揉著痛點，慢慢的，那個能量就會被揉散。這裡你揉了一陣子以後，會發現「痛」消失了——也就是「痛」被你揉通了的意思。

總之，你找到痛點之後，來，眼睛閉起來，開始揉你的痛點，用力一點，讓那痠痛的感覺很清楚。接著，一邊揉一邊跟自己說剛才那三句話。**這三句話就是：「儘管老闆罵我是豬頭，我覺得很生氣，我深深的、徹底的接受我自己。」**好，我們加進感情來：

「**儘管老闆罵我是豬頭，我覺得很生氣，我深深的、徹底的原諒我自己。**」再來，第三句：「**儘管老闆罵我是豬頭，我覺得很生氣，我深深的、徹底的愛我自己。**」這樣做完、說完之後，雙手就放下來，眼睛還是繼續閉著，然後去感受一下你情緒的強度有多強。

## 5. 測量情緒強度

在這裡，我們給你一個標準，用「0到10」代表情緒的強度。10，當然就是最強。0，表示情緒消失。因此，當你揉完痛點之後，你可以停下來感受一下，這個負面情緒的強度。假設，我們發現剛剛的例子，感受到痛的程度是8，現在經過一揉，變成6。

有一種可能性，你可能剛開始要做的時候，感受到的強度是4，後來卻變成8，也就是說，它變得更強了。沒關係，不用害怕。這，是正常的，更是好事！表示壓抑過的情緒，現在顯示出真正的強度。

請記得，不要認為數字一定要下降，才繼續往下做。現在我們舉個例子好了，假設是從8變成6，也就是往下降的意思。好，接下來，我們就要開始敲擊身上其他的穴位了。

## 6. 敲穴位的步驟

**手指神功要用什麼來敲**？

用你左、右手的食指和中指，跟你揉痛點的時候一樣。

**一個穴位要敲幾次**？

一個穴位上面，請至少敲七次。敲七次，等於在這裡做針灸。假設你在敲的時候，沒有辦法分心算到底幾次，無所謂，儘量超過七下。

### 1. 敲穴位＋說情緒

眼睛閉起來。眼睛閉起來的意思，是要你把注意力集中在那個情緒上。現在，你要處理的情緒是「生氣」。在這裡，你就是接受它、面對它的表現。

接下來，你用雙手敲眉頭。眼睛閉起來，一邊敲，一邊把注意集中在「生氣」上面。力道適度就好，不要太用力，也不要太輕。不要傷到自己，這是最大的原則。你應該會掌握得很好！

好，來敲眉頭，這時候因為情緒是「生氣」，所以我們就一邊敲，一邊說：「我很生氣。」

再來，按照剛剛的順序，眼側。一邊敲，一邊說：「我很生氣」，注意力還是集中在這個情緒上。

接著，再移到下面一個穴位，眼下，一邊敲一邊說：「我很生氣。」一手在嘴下，一手在鼻下，隨便哪一隻手都可以，一邊敲一樣還是說：「我覺得很生氣。」整個過程，都把注意力集中在你的情緒上面。

接著換手，也就是上下交換，敲同樣的穴位，還是說：「我很生氣。」再來就是鎖骨頭。食指跟中指，敲在那兩個圓圓凸凸的骨頭上，一邊敲一邊說：「我很生氣。」

好，再來雙手抱胸，敲你的腋下，一邊敲一邊說：「我很生氣。」

這樣，就算敲完一回合。

## 2. 從眉頭敲到腋下，敲第二回

接下來，再回到眉頭。

眉頭，一邊敲一邊說：「我很生氣。」

眼側，一邊敲一邊說：「我很生氣。」

眼下，一邊敲一邊說：「我很生氣。」

嘴下鼻下，一邊敲一邊說：「我很生氣。」

上下交換，一邊敲一邊說：「我很生氣。」

鎖骨頭，一邊敲一邊說：「我很生氣。」

腋下，一邊敲一邊說：「我很生氣。」

好的，現在我們是不是已經從額頭到腋下，一共就敲了兩個回合了，對吧？

這個時候，你停下來，感受一下這個情緒的強度。閉起眼睛來，感受一下，強度變成多少。一般來說，剛才是6，到這裡可能會下降，譬如說到4好了。有些人，甚至直接降到0，情緒就消失了，這都不一定。可不可能在中間敲敲敲，又往上升呢？也有，不用怕，繼續做就可以了。

我們假設，剛才是從6降到4。

接下來，我們再從眉頭敲到腋下再敲兩回。只不過呢，剛才的情緒是6，我們說：「我『很』生氣。」現在，還剩下4，就稍微做一下修正。因爲強度降低了，所以一樣敲眉頭，一邊敲一邊說：「我還『有點』生氣。」如果眞的很低呢，你甚至可以說：「還剩『最後一點』生氣！」這個，也是我改編過的。

## 3. 情緒強度反覆敲，敲到指數1以下

來，我們舉例降到了4，還有點生氣，因爲沒有那麼強了。

眉頭：「還有點生氣。」

眼側：「我還有點生氣。」把注意力都集中在生氣上面。

眼下：「我還有點生氣。」

嘴下鼻下：「我還有點生氣。」

上下交換：「我還有點生氣。」

鎖骨頭：「我還有點生氣。」

腋下：「我還有點生氣。」

來，我們再一次，把第三回敲完。

我們敲眉頭，一邊敲說：「我還有點生氣。」

眼側：「我還有點生氣。」

好，眼下：「我還有點生氣。」

嘴下鼻下：「我還有點生氣。」

然後上下交換：「我還有點生氣。」

再來，鎖骨頭：「我還有點生氣。」

好，腋下：「我還有點生氣。」

好，現在已敲了四回，所以，我們再評估一下，還剩下多少強度。這下，我們發現剩下1了，甚至到0.5。有沒有可能往上升，也有，沒關係，那就重複做而已。

好，現在已經降到1了。當負面情緒強度降到1以下的時候，我們就可以使用由負返正的概念。

## 7.「由負返正」的步驟：用正面肯定句，讓心情變好

這個步驟，我們再加一個動作。這個動作，要在頭頂加一個穴位來敲，就是我們講的「百會穴」，或者是我們的「頂輪」（加入圖示）。怎麼敲呢？就用你兩根手指頭的指尖。來，假想自己左手握一顆網球，右手也握了一顆網球，然後，這樣用手指尖敲頭頂正中間。記得輕輕的敲，如果敲太用力的話，頭應該會痛的！

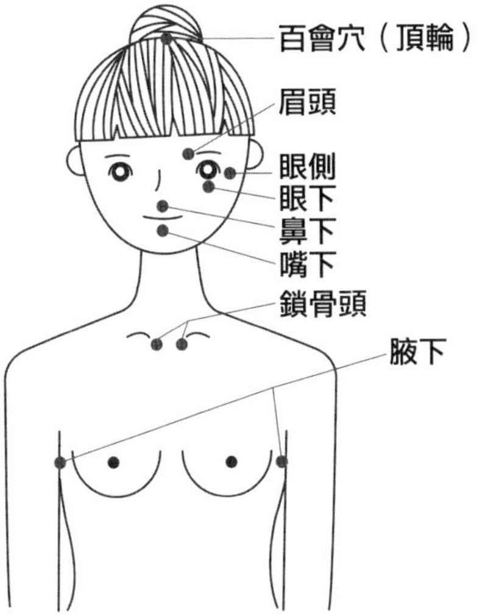

這裡，我們還要加上一些正面肯定的句子。

現在，我就給你一個範本。好，首先，我們強度還剩下1，對不對？來，我們用手指尖，雙手假設空心抓了網球，然後輕輕的敲頭頂，一邊敲一邊說：「我選擇釋放所有的生氣。」——就是你當下的情緒。

然後，再說一次：「我選擇釋放所有的生氣，不管它來自前世或今生。」

## 「由負返正＋正面肯定句」的示範

從頭頂，一邊敲一邊說：「我選擇釋放所有的生氣，不管它來自前世或今生」。

接著，回到眉頭，又一樣的穴位，說的不再是負面情緒，而是正面的話語：「因為我值得開心。」

好，眼側：「因為我值得被愛。」

好，眼下：「因為我值得愛。」

好，嘴下跟鼻下，這裡我們再度換成：「我選擇釋放所有的生氣，不管它來自前世或今生。」好，這一句話拆成兩半。第一次敲嘴下鼻下，我說：「我選擇釋放所有的生氣。」

好，上下交換：「不管它來自前世或今生。」

這邊跳出來講，在哪兩個地方要說：「我選擇釋放情緒，不管它來自前世或今生」？就是頭頂，跟嘴下跟鼻下。這，也是我改編的地方。如果你在操作的過程當中忘記了，到哪個點，要說什麼，其實都無所謂！不用害怕，你不會因為這樣而斷了一條手臂，或是瞎了隻眼睛。你也不會因為錯了一個步驟、少了一個步驟、多了一個步驟而變成豬頭，請放心大膽的做，好嗎？這裡，我給你的範本，是為了讓你有個依據，同時幫助你可以清楚記得。假設，你沒有按照範本來走的話，也不用擔心，好嗎？自由的玩！

好，嘴下鼻下之後，回到了鎖骨頭，我這裡再換成正面句子，：「因為我超級可愛！」OK，一樣是正面的東西。

再來，腋下，可以說：「因為每個人見了我，都想捏我一把。」

這聽起來，感覺很好笑，對不對？其實，就是輕鬆玩嘛！這裡，也是告訴你自己，你是可愛的、值得愛的、值得幸福的等等。當然，你還可以說：「我值得開心」、「我值得豐盛」，或是「我很可愛」、「我超級世界宇宙無敵可愛」，或是「每個人見我都要跟我要簽名」！

總之，不管你想要的是什麼，都可以加在這裡，講出正面的句子來。

好，從頭頂敲腋下，我們剛剛敲了一次了，還要再敲第二次。等到兩回都敲完了，最後再回到頭頂，一邊敲頭頂，一邊跟自己講：「我選擇繼續待在光裡！」

ＯＫ，這個就是由負返正。

有沒有注意到，改編過的手指神功，符合佛家也好、西方心理學也好，都是療癒的基本原則。

來，再複習一次：

第一，你要先承認你有這個情緒，然後對自己展現慈悲心。

第二，你要去做些什麼（如手指神功）去轉化它。

值得回顧的是，我們上述所做的，是一個釋放負面情緒的動作。敲中間那些穴位，是一個很棒的釋放過程。你生氣的情緒，已經從8降到6降到4，最後變成1了對吧？最後做的「由負返正」，就是「改變」的動作，其實也是「轉化」的意思。

以上，就是手指神功的示範。

## 8. 請天使開智慧

接下來，我再多教你一個小小的技巧！

當你做到這裡，正面肯定敲了兩次、說了那些話之後，通常你的能量都會非常好、非常喜悅，或是極為寧靜。這個時候，你可以眼睛閉起來，在心中**問一下你的天使或指導靈，請祂給你一句話或一個字，來代表你當下的美好能量**。你也許會想說：「喔，我怎麼知道那是天使跟我講的，還是指導靈跟我講的呢？」沒關係，趁著當下你很安靜、能量很好的狀況之下，突然浮現在你腦海裡頭的那一個字，或是那一句話，其實就是你的天使或指導靈要給你的訊息。所以當你安靜下來，對著上面說：「請給我一個字、請給我一句話！」你腦海裡會自己出現一個直覺，或是一個念頭。那個，就是囉！

我們這裡舉個例子。你腦海出現的是：「真愛來自於內心，不在外面！」這個時候，你眼睛還是繼續保持閉著，然後，左手的大拇指跟食指輕輕的接合起來，右手也做一樣的動作，然後摩擦。換句話說，左手這兩根手指頭摩擦，右手也一樣，輕輕的摩擦。

眼睛，還是閉著，同時感受到那股能量在你全身擴大蔓延，接著，你可以跟自己講剛才那句話：「真愛來自於內心，不在外面！」

ＯＫ，請你多說幾次：「真愛來自於內心，不在外面！」

一邊摩擦手指頭，一邊跟自己說：「真愛來自於內心，不在外面！」

然後，再慢慢的，把眼睛張開。

未來，再碰到一些讓你有負面情緒的事件時，你可以立刻讓自己安靜下來，手指頭合起來一邊摩擦，一邊跟自己講：「真愛來自於內心，不在外面！」那麼，你的大腦，就會把你現在這個好能量再度搬出來，幫助你安靜下來，幫助你提高振動頻率，也就是說，你的心情就會變比較好的意思！

# 手指神功怎麼使用最有效？

**你有負面情緒出現的時候，當下就立刻使用，效果是最棒的！**用這個方式來處理你的負面情緒，是非常健康的，而且，也會處理得比較徹底。如果，你選擇壓抑、逃避、抗拒——就跟你過去的習慣一樣，情緒其實不會真的離開，反而會囤積在你的身體裡，造成負面能量不斷累積，時間久了，甚至可能會生心病，或是造成所謂的疾病。這個，你應該都有一點概念了。所以，建議你很健康的，去面對你的負面情緒。

手指神功，真的是一個很好、很好用的工具。如果，你覺得在公共場合，不適合敲啊、打啊，沒關係，在廁所裡做也可以。譬如說，你在上班的時候很火大，就去廁所裡頭做手指神功！或是說，假設你所在的環境，實在不允許你做這些事的話，也無所謂，你可以在心裡用想像的——想像自己在揉痛點。我個人，是不介意在人前敲擊這些部位的。不過，你如果覺得不太適合在人前做的話，就用想像的囉！你可以把眼睛閉起來，想像雙手在敲那些地方、嘴裡在說那些話。這樣做，也有一樣的功效！

試試看，好嗎？

再囉唆一次，希望你可以經常使用。**只有經常使用，才會有最好的效果**。而且建議你，**碰到了負面情緒，跟它好好相處一下，也記得對自己展現同理心**。只有這個時候，**你再使用工具來轉化它，會比較有效**——像是手指神功等等。

總之，除了認真做之外，建議你，開始養成一個習慣，遇到負面情緒的時候，不要害怕，不要太快做些什麼讓它離開。譬如說，找人收驚、作法等等，或從能量上的介入來幫助你。那麼，你會不知道中間發生什麼事情，你沒有去觀察、沒有去跟那個情緒相處，以為它自己莫名其妙消失了。其實，那不會是恆久之道，那些深層的傷痛，遲早還是會再跑出來、跑回來！

誠心建議你，可以跟你的負面情緒相處一下。嘗試一下，它不如你想像的那麼可怕！

其實，**負面情緒都是來告訴你一些什麼東西的——一些光的智慧，或是一些幫助你療癒的方向**。鼓勵大家，跟情緒做朋友。**當你把情緒當朋友，你的情緒就會把你當朋友對待，而且會告訴你：如果要徹底療癒這個情緒的話，應該如何做！**而這些答案跟智慧，其實一直都在你的內心。我也會在未來的篇章，分享更多寶貴的資訊。手指神功，經過證明後的確非常好用。不過，未來學會了另外更多方法，比如說觀照、想像療癒，手指神功就變成只有在緊急狀況之下，需要很快釋放強度很高的情緒時才做。在那之前，也就是說，當你還沒有辦法觀照自己情緒之前，請你先勤勞的做手指神功。記得，所以情緒都需要去面對它！因此，操作手指神功時，才會跟你講說：「把所有的注意力都集中在負面情緒上面！」

這個目的，是要提醒你，誠實面對自己所有的負面情緒。

# 重點複習

## ☑ 手指神功的優點

1. 幫助你快速有效的處理負面情緒——傷心、痛苦、憤怒、嫉妒，或者是焦慮、緊張等等都非常有效。
2. 配合中醫的穴位，透過敲擊一些身體上的穴位，協助你疏通負面能量。
3. 由負返正，讓能量變好、情緒自由。

## ☑ 療癒負面情緒的四個步驟——承認、面對、釋放、轉化

## ☑ 什麼是同理心？

同理心就是你能夠瞭解、不批判。

## ☑ 手指神功的兩個重點

第一：敲擊穴位。這個小動作，能讓你身上的能量流通。

第二：說一些話。

1. 說引導詞。
2. 說你的負面情緒——當下處理的情緒。
3. 說「由負返正」的正面肯定句。

## ☑ 手指神功的穴位

1. 「痛點」：鎖骨下方三到五公分的位置。
2. 「眉頭」：眉毛的開頭。
3. 「眼側」：就是眼睛旁邊。
4. 「眼下」：眼睛正下方。
5. 「鼻下」：鼻子正下方。
6. 「嘴下」：下唇正下方。

7.「腋下」：胳肢窩下方，跟乳頭一樣高的兩個點。

☑ **手指神功簡易操作流程**

1. 先找到情緒
2. 再找到事件
3. 說引導詞

第一句：儘管（事件），我覺得（情緒），我深深的、徹底的「接受」我自己。

第二句：儘管（事件），我覺得（情緒），我深深的、徹底的「原諒」我自己。

第三句：儘管（事件），我覺得（情緒），我深深的、徹底的「愛」我自己。

4. 揉痛點＋說引導詞
5. 測量情緒強度

6. 敲穴位的步驟

・敲穴位＋說情緒

・從敲眉頭敲到腋下，敲兩回

・視情緒強度反覆敲，敲到指數1以下

7. 由負返正的步驟

8. 請天使開智慧

## ☑ 手指神功怎麼使用最有效？

1. 你有負面情緒出現的時後，當下就立刻使用，效果是最棒的！
2. 只有經常使用，才會有最好的效果。
3. 碰到了負面情緒，跟它好好相處一下，也記得對自己展現同理心。這個時候，你再使用手指神功工具來轉化它，會比較有效。

Formula 3

第三個配方

# 錄製愛自己心靈體操——一切，都從愛自己開始

# 什麼是愛自己？

一般人提到愛自己，都直覺想到外在、表面的愛自己，像是——慰勞自己一頓大餐，購買自己一直想要的東西，去按摩、做SPA、做臉等等。不然，就是在意識的表層說：「我好愛你！真的愛死你了！」

只不過，就像在處理負面情緒的時候一樣，你是不是有很多次經驗，在憤怒的時候，你充滿慈悲的對自己說：「你不要生氣，我很愛你！」而下一次同樣的事再發生時，你一樣面紅耳赤、激動不已？甚至，還表現得更為抓狂，完全失去了控制？

為什麼會這樣呢？因為，**你沒有給你內心小孩真正想要的愛**，只是在意識表層下功夫而已，當然不會有效果。

愛自己心靈體操，很明白我們的舊習慣或舊傷口，來自於潛意識中的內心小孩，所以才會引導你自己和你的潛意識對話，**將愛與感謝，確實深入到你內心小孩所在的地方——也就是你的潛意識；讓內心小孩充分感受到你無條件的愛，協助你創造出夢寐以**

**求的精彩人生。**

自行錄製愛自己心靈體操，除了讓你直接和潛意識對談，有效對自己傳達真愛之外，還可以針對你個人獨特的生活需求與目標，釋放過去阻礙實現夢想的負面能量；更能在潛移默化之中，修改你在成長過程裡，無意識所建立的限制信念，讓你輕盈自在、心想事成。

# 和自己的潛意識對談

凡是關於催眠、靜心或冥想之類的錄音，原則上，都不是給你的表層意識聽的；或者是說，不是給你的ego聽的。Ego，就是一般人說的「小我」。我個人不再稱它為「小我」的原因是，這麼說有歧視、有排斥「小我」的意思。有些人，甚至認為它應該被消滅才對。但是，真正修行到一個階段的人都知道：它，沒有什麼不好！它，有一種特性、特色，或者說——習性。這個習性，不代表它是壞的，更不代表它是十惡不赦的！**我們對待「小我」的方式，應該是去包容它，不是歧視或排斥它**。我之所以用ego這個字，因為它是英文，比較中性，沒有任何好壞之分。

所以，**愛自己心靈體操，不是給ego聽的！**

因此，用聽覺瀏覽的方式聆聽，很可能會覺得都差不多，甚至還很無聊！

事實上，所有這類的引導錄音，都是專門設計給潛意識聽的。

潛意識，是什麼呢？

**潛意識，是一個十幾歲的小朋友。**

我在接受訓練成為專業催眠諮商師的時候，才瞭解，原來潛意識是十一、頂多十二歲的小朋友。

這，就是「內心小孩」，也是你內心的受傷小孩。當然，也有西方心理學者說：「**潛意識是一種情緒的習慣**。」因為，在潛意識中形成了一個固定的思考模式，而這個思考模式，取決於我們小時候的成長環境。我在部落格《回歸希望方程式》、教育電台廣播節目《新地球轉譯器——NET》裡面，分享了非常多關於情緒習慣的概念，以及療癒內心小孩的各種工具。

這些資訊，是在告訴你，因為小時候的成長環境，造就了自己某些情緒習慣。也許，你在理智上不能瞭解，為什麼自己的想法會這樣、行為會那樣；為什麼你會出現這樣的情緒、做出那樣的決定！

舉個例子來說明，有人不回電話給你，你就覺得十分不安、如坐針氈，整個人像是發了瘋一樣，彷彿世界末日。曾經，你以為自己真的是個非常沒有安全感或多疑的人。深入瞭解之後，才發現原來，你小時候有被遺棄過的經驗，形成了「遺棄情結」的情緒習慣。因此，只要有人不即時回電話給你，你心裡深層的恐懼，就像天雷勾動地火，一發不可收拾的爆裂開來，恐懼又焦慮，深怕自己再度被遺棄！於是，你展開了奪命連環叩，明知可能真的聯絡不到對方，但你還是不可控制、狂亂失心的猛打電話！

也許，你自己可能沒有察覺到：當下，你簡直就像是「被鬼了附身」一樣。這裡所說的鬼，當然不是指真正的魔鬼，而是指你心裡的魔鬼，也就是「心魔」。它所代表的，就是你害怕被遺棄的這個心魔。一旦它被觸動了，你，就失去了自主的能力。這個現象，就是因為潛意識中住著你兒時所形成的一種情緒習慣。當然，也就是我之前說的「內心小孩」囉！

正因為如此，我們才要**深入潛意識，認識自我的情緒習慣，方便自我療癒，並且改變舊有的習性，靈性成長於焉成形**。換句話說，**光針對你的意識或理智來施力，不但不夠，而且會事倍功半又疲於奔命的！**

那麼，為什麼像靜心、冥想、催眠或愛自己心靈體操這些東西，會有讓人驚豔的價值、甚至璀璨動人的成效呢？主要原因是：它面對的不是你的意識、不是你的ego，而是你的——潛意識。

弄清楚這一點，你就不難想像：如果，要處理內心受傷小孩的傷口，或是為了改變情緒習慣，就必須設定特別的療癒目的，以這個目的為出發點。就好像，要是你著重的是減重、瘦身、招財，或者是加強英文學習，就會因為目的不同，在內容上做不同的修正，但它們的基本架構都是一樣的。以下的文字，就是「愛自己心靈體操」基礎篇的範本，**你未來可以針對自己不同的需求與目的，自由彈性的做適當修改**。

## 愛自己心靈體操基礎篇

好，現在請舒舒服服、輕輕鬆鬆的躺下來。深深的吸一口氣，再慢慢把氣吐出來，讓這放鬆的能量包圍著你，從頭頂到腳底。吸氣……吐氣……吸氣……吐氣……好，再來三次，吸氣……吐氣……吸氣……吐氣……吸氣……吐氣……

現在，把注意力集中在你的頭部，跟你的頭部說：「我好愛我的頭，謝謝你今天幫助我思考、記憶、分析，讓我頭腦清楚，完成一天的工作，我真的超愛你！」

接著，再把注意力移到你的臉部，跟你的臉說：「我好愛我的眼睛、鼻子、耳朵，謝謝你們今天認真做工，讓我可以看到、呼吸到、聽到生命的美好能量。我也好愛我的嘴，謝謝你辛苦了一天，讓我可以說話和人們溝通，吃好吃的東西，我真的好愛、好愛你們。」

現在，聚焦在你的脖子和肩膀，告訴他們：「我好愛我的脖子和肩膀，謝謝你們今天保持柔軟、放鬆，支撐我的頭部，讓我輕鬆自在。我超愛你們。」

順著肩膀，來到你的手臂、手掌說：「我好愛我的手臂和手掌，謝謝你們靈活運動，讓我完成許多任務。我真的太愛你們了。」

好，現在移到你的胸部，說：「我好愛我的胸部、我的心臟、我的肺臟，謝謝你們幫助我的生命充滿美好能量。我真的、真的好愛你們。」

再把注意力集中在腹部說：「我好愛我的腹部，還有所有的內臟，謝謝你們幫助我消化、平衡，讓我一身輕盈舒暢。我超愛你們喔！」

接著，注意力移到你的臀部和骨盆說：「我好愛我的臀部和骨盆，謝謝你們給我奔放的活力，讓我精神百倍，充滿喜悅。我愛死你們了。」

好，再來是大腿、小腿，說：「我很愛我的大腿、小腿，謝謝你們努力做工，帶著我到處活動，開車、騎車、走路，讓我行動自由、十分方便。」

好的，我們再來調整呼吸，吸氣……吐氣……吸氣……吐氣……吸氣……吐氣……現在，對自己說：「（說自己的名字）某某某，我真的好愛你，你實在太棒了，又快樂、又幸福。因為，你就是愛，就是光，就是和諧，就是完美。你，就是宇宙。」

# 愛自己心靈體操的基本元素

好，接下來，我就來仔細告訴各位，要怎麼錄製為自己量身打造的「愛自己心靈體操」，以及錄製時應該注意些什麼事情。

首先，你們可以再回頭看一下，前面的架構範本。

## 1. 深呼吸放鬆身體及意識

一開始，我都會讓你們深深的吸氣跟吐氣，而且，一共重複三到五次。這樣做的目的，主要是幫助你放鬆。身體放輕鬆了，你的ego——就是你的意識——也自然會跟著放輕鬆。你記得嗎？這個錄音，不是要給你的意識聽的，而是給你的潛意識聽。或者是給你潛意識裡的內心小孩、兒時形成的情緒習慣聽的。

不管你躲在潛意識裡的情緒習慣是什麼，你內心小孩曾經受過什麼樣的傷害，這些負面的經驗，都會否定你就是愛的化身——也就是說，否認你自己是值得愛的、否定你自己的存在價值。因此，你越往內心探索，越瞭解自己的內在，你就會明白：很多你現今生活的問題，抽絲剝繭到最後，其實都會回到內心——也就是，你覺得自己不值得愛，你覺得自己不值得得到好東西等等。

這些，就是限制性的想法，也是過去受傷的傷口！當然，這也就是為什麼，「愛自己」是這麼的重要！我在自己的部落格當中，分享過非常多愛自己的方法，其中，「愛自己心靈體操」就是一個很基礎的工具。如果你懂得善加利用，是可以變出滿多花樣來的，換句話來說，對你的幫助其實可以是很大的！

好的，在第一段裡，你可以注意到，就是在談放鬆——吸氣、吐氣，吸氣、吐氣，是在幫助你放鬆。等到大概進入了那個放鬆的狀態，我們才會開始跟你的潛意識說話。

## 2. 誠心誠意的感謝身體各個部位

基本上，我們把你的身體，分成幾個部分。

首先，頭、臉部、脖子和肩膀、手臂和手掌，

之後，來到胸部，再來是腹部，

然後，是骨盆和臀部——也就是下腹部，

接著，是大腿和小腿。

至於，在對潛意識說的話裡，有兩個非常重要的訊息——

**第一，是誠心誠意的感謝它。**

**感謝，是振動頻率非常高的能量。它，可以幫助你心想事成，能夠幫助你立刻改變身邊周遭的能量，更可以轉換你自己本身的能量。**正因為如此，我在很早以前，就與我的讀者、聽眾分享過一個概念：「想要改變自己的能量與磁場，最快速、最有效的方式，就是寫感謝日記。」記得，請至少連續寫一個星期，若能寫到三十天，效果最為明顯。當然，要是能像歐普拉一樣，經年累月的持續寫，是最棒、最讚的了！

基於這個概念，**愛自己心靈體操有一個部分，是先感謝自己這些身體部位**。仔細想想，**這些身體部位，其實是你每天能夠正常生活、順利活動的「沉默英雄」**。它們，時時刻刻都在替你工作，任勞任怨，從來就沒有牢騷。

你的頭，讓你可以思考、分析，對不對？而且，還讓你能夠做出精準的判斷。

你的臉——眼睛、鼻子、嘴巴、耳朵。

眼睛，可以看到，你可以過馬路、上班、看電視、看見美好的事物等等。

鼻子，可以呼吸，你的生命得以延續，全身都充滿氧氣。

耳朵，可以聆聽，可以傾聽浪漫言語，聆聽曼妙樂音。

嘴巴，可以說話，也可以親吻，可以感性與理性的溝通。

因此，這些身體的部位或是器官，每天都在幫助你完成一天生活所必要的基本活動。更棒的是，因為這些器官的幫忙，讓你體驗到極棒的肉身經驗——譬如說，品嚐佳餚美饌，或是見到帥哥、看到美女，對吧？就是因為它們如此挺你，你當然要先感謝它們！另外，也別忘了告訴它們說：「我好愛你！」這個部分，聽來好像是在針對你身體的部位講，其實，也是在跟你潛意識中的那位小朋友講的喔！

**第二，給潛意識的重要訊息：對它說「我好愛你。」**

好，一開始先放鬆了，再來就是集中在身體的部位，對它表現你的愛。

潛意識裡的內小小孩之所以會覺得受傷，無非是沒有得到父母的愛，或者是，父母表達愛的方式，跟他心裡真正所想要的很不一樣。因此，我們若能在意識放鬆的狀態中，直接對他表達真誠的愛，就能有效的引導他發揮孩子與生俱來該有的潛力及創意，為我們創造一心想要實現的夢想，不管是吸引真愛、創造豐盛，或是，自我療癒、實現天使。

# 針對需求，舉一反三

愛自己心靈體操的內容，可以根據個人不同的目的，做出種種修改。我在這裡，提出幾個範例給大家參考，但要跟各位道歉的是，我沒有辦法針對你個人的需求，告訴你該怎麼寫出適用於你的稿子，這需要你自己舉一反三。靈性成長及自我療癒，是一個學習獨立的過程，為了鼓勵各位獨立作業，我要事先跟各位說抱歉，你要是來信問我：「Mophael，我想要寫一個有關於考證照，或是，吸引完美感情的稿子，我應該要怎麼講？」要請你諒解，我不會代替你思考，更不會替你捉刀喔！

總之，請你針對自己才最瞭解的需求，去舉一反三囉！當然，你也可以請你的指導靈跟天使，給你一些靈性的能量，也就是所謂的——靈感！

## 愛自己，金榜題名

假設你現在正在準備一個大考試，希望能夠順利的上榜。於是，你要錄製一個「金榜題名」的愛自己心靈體操。那麼，你就可以跟你的頭部說：「我好感謝我的頭。謝謝你今天幫助我思考、記憶、分析，或者是運算、理解、融會貫通等等，讓我的頭腦非常清楚，能記得所有複習重點及我準備的內容。」

以上，你已經在感謝你的頭部幫助你了，對不對？

好，我再來舉個感謝耳朵跟嘴巴的例子囉！

## 輕鬆學好英文

每個人，都得學英文，對不對？

針對學習英文而言，你希望發音發得很標準，要靠什麼？耳朵跟嘴巴，對吧?!所以，你就可以說：「我好感謝你，讓我能夠清楚的、而且正確的發出什麼什麼音來。」以聆聽英文來講，你也希望你的聽力能聽得很清楚，那麼，你就說：「讓我英聽的時候，能夠聽得非常清楚。」

還是一樣，針對你個人的需求，請自己舉一反三！

關於嘴巴，我可以再舉一個例子——

你若是計畫瘦身的話，可以對嘴巴說：「感謝你們，幫我今天在吃食物的時候，細嚼慢嚥，嚼得非常的徹底。」我們都知道，如果你嚼得徹底，你就比較不需要花太多的能量來消化入口的食物，對於整個身體健康來說，是比較好的——你的脾胃會比較健康，若要瘦身，會變得比較容易。一般人都認為，肥胖是因為吃太多東西的關係。其實，那是一個誤解。肥胖，跟你的能量、心情有很大的關聯。別誤會，我不是要你暴飲暴食，暴飲暴食的結果，很有可能身體搞壞，一樣會變肥胖。我舉這個例子，是要告訴你：嘴巴，跟你的飲食有關，而細嚼慢嚥，對於瘦身是很有幫助的。

好的，接下來，聚焦在你的脖子跟肩膀，告訴他們：「我好愛我的脖子和肩膀，謝謝你們今天保持柔軟放鬆，支撐我的頭部，讓我輕鬆自在，我愛死你們了。」

你可以好好想一想，你的脖子跟肩膀，跟你要達成的目的，可能有什麼樣的關聯？從這樣的角度去想想看，你覺得，他們幫你做了什麼工？你想感謝它們什麼？或是，你希望它們幫你做些什麼，你就把它寫出來，感謝它們能那樣幫助你達成目標——是的，可以事先感謝它幫助你「已經」達成目標。那麼，它們就會知道：「喔！我的主人是要告訴我這樣的意思、要我這樣做、往那方向去進行。」

好，再來，順著肩膀來到你的手臂、手掌說：「我好愛我的手臂和手掌，謝謝你們靈活運動讓我完成許多任務，我真的太愛你們了。」

好，手掌、手臂我也來舉例——

譬如說，你希望你能夠打球打得很好，你就說：「好感謝今天打籃球的時候，我的手臂力量非常足夠，或是，動得非常快！」或者是，如果你的手臂跟向上舉起來有關的，又或者，你想要改善你的五十肩或是網球肘好了，你都可以對它們說：「感謝你們，今天很努力的幫助我，手臂、手肘非常的輕鬆自在！」就像這樣諸如之類的，好嗎？

再來，往下移到你的胸部說：「我真的好愛我的胸部、我的心臟、我的肺臟，謝謝你們幫助我的生命充滿美好能量，我真的真的好愛你們。」

胸部有心臟和肺臟，都是非常重要的器官。要特別提醒你們的是，心臟及胸部這個部位的脈輪，叫做「心輪」。它，跟愛有關，跟憎恨有關，也跟原諒有關。因此，如果你設定的目標跟愛啦、跟原諒啦、或是跟憎恨有關，可以在這邊多下一點功夫。也許，你可以對它說：「謝謝你們努力幫助我，原諒什麼事，或是原諒了誰誰誰。」

## 吸引完美情人

如果，你想要吸引一位完美情人，或是靈魂伴侶。那麼，你可以事先感謝你的心輪。記得嗎？心輪，跟愛情有很大的關聯。基於這點，你就可以跟這裡說：「謝謝你們，每一天都很勇敢的幫助我，把心輪打開，讓我可以勇敢的去愛！」順便再提醒你的是，心想事成最後一個階段叫「接收」——接收你的願望。很多人不知道用什麼接收，其實，用的就是心輪——換種說法，你得把心輪大大的打開來接收。總之，你在錄製愛自己心靈體操的時候，可以特別針對這一點，來跟你的心臟、肺臟，或是你的胸腔來說話，真心感謝它們如何如何，同時告訴它們：「我真的好愛你們！」

好的，接著，我們再來看下面一個部位——就是注意力集中在腹部，然後說：「我好愛我的腹部，還有所有的內臟，謝謝你們幫助我消化平衡，讓我一身輕盈舒暢，我超愛你們。」

這個區域，指的是上腹部——肚臍眼以上、胸腔以下，包含你的消化器官——肝、膽、腸、胃。

假設，你的胃不舒服，想針對它特錄一個愛自己心靈體操，你就可以在這邊特別提到說：「我好感謝我的胃。」或是，你肝臟有問題，或是腎臟的問題，希望能夠得到改善，都可以跟它們說：「我好謝謝你們，每一天這樣努力的幫助我，讓我的肝臟可以非常的輕鬆，或讓我的腎臟變得非常輕盈自在。」

好，回到腹部。凡是這裡有的內臟，你都可以提及，看你主要的目的是什麼。

接下來，我們將注意力移到你的臀部跟骨盆——就是你的下腹部的意思。這裡，包括你的性器官，對吧？像是直腸、大腸都在這裡，上腹部是小腸。你可以在錄音時說：「我好感謝我的——譬如說男生好了——我好感謝我的睪丸，你每一天幫我如何如何如何，所以我真的好愛你！」一樣，還是看你的目的是什麼，自行設計「台詞」囉！另外，如果女孩子有子宮的問題——比如說子宮肌瘤。你可以說：「我好感謝我的子宮，每一天都非常努力，讓我的子宮變得很健康——」記得，除了很健康之外，我們還可以講「能量很輕盈」——「我好感謝你們，謝謝你們，我好愛你們。」還是一樣，看你的目的是什麼，就自行舉一反三囉！

接著，我們再移到大腿、小腿說：「我很愛我的大腿、小腿，謝謝你們努力做工，帶著我到處活動、開車、騎車、走路，讓我行動自由，十分方便。」

## 強化瘦身效果

如果你特別想要想瘦大腿，你就說：「我好感謝我的大腿。」你甚至還可以講：「我好感謝你每一個細胞、每一個組織、每一個毛細孔都很努力的工作，讓我大腿的肌肉變得很緊實，變得十分修長。」

好，最後一個部分，由於你已經將目的跟器官間的連結都說完了，你可以再一次調整呼吸，用鼻子深呼吸幾回。然後，你可以對自己說自己的名字：「某某某，我真的好愛你，你實在是太棒了，又快樂、又幸福，因為你就是愛、就是光、就是和諧、就是完美，你就是宇宙。」

這個地方，我再多給你一些點子！

如果，你想要針對這個部分，多做一些變化的話，建議你，把前面設定的目的，在這裡多強調一次。譬如說，你希望英文說得很棒，那麼，可以說：「你實在是太棒了，英文說得既標準、又流利，英聽也聽得非常的仔細、非常的清楚，發音也非常的標準、非常的道地。」這裡，就是仔細強調你希望達成的目的，對不對？

如果，你希望談的是瘦身的話，你就可以說：「你實在是太棒了，你全身上下都非常的緊實、非常的優雅。」或者說：「你的腿非常修長，皮膚非常的光滑……」

# 錄製愛自己心靈體操的重點

一般來說，以療癒為目的催眠錄音中，前面大概會花八到十分鐘，說一些有助於放鬆的話語。再來，會花三分鐘時間，錄製客戶所想要創造的正向改變——通常是客戶希望達成的正向目標。

眼尖的讀者，是不是已經發現，這跟愛自己心靈體操的原理很像？前面是要你全然放鬆的引導，後面則是希望達成的目標。當然，還要加上愛跟感謝，這是振動頻率極高的能量，能鼓勵你的身體幫助你達成目標！道理，是一樣的！

下面，就是我為各位整理的重點，讓你輕鬆為自己量身打造個人專屬錄音——

## 1. 正面字句．能量超讚

要特別提醒各位的是，錄製心靈體操時，最好不要說負面的字眼。因為，它是跟你的潛意識說話。潛意識，除了是十一歲的小孩子之外；它，也是一個二十四小時不睡覺的小朋友，一個不懂得過濾訊息的天真孩子。如果，你用的是負面的字眼，像是「我不要肥胖」，或「我不要貧窮」，他接收及感受到的，就只是「肥胖」、「貧窮」。換句話講，**請將焦點，集中在你「想要的」，而不是「不想要的」上面**。

如果，聽愛自己心靈體操或是催眠錄音時，聽著、聽著你就睡著了的話，其實無所謂，因為你的潛意識，其實是二十四小時不打烊的。也就是因為這個樣子，它常常會接收到一些錯誤的訊息，誤以為那就是真理。因此，愛自己心靈體操的目的，是在改變你過去所學習的經驗——那些你誤以為是真理、需要被釋放的傷痛，或是一些限制性的想法等等。

## 2. 愛自己——也包括不完美的自己

要特別請大家注意一點的是——

如果，你是基於討厭自己，來設計愛自己心靈體操的台詞——譬如說，你覺得自己「很肥」，想要來「減肥」的話，相信我，你一定不會成功。就算你真的瘦了一陣子——不管用了其他什麼方式，將來一定會復胖。因此，如果沒有辦法接受現在此刻的自己——也就是你希望可以改變的那個你——而你是因為討厭那個你，所以才來錄製愛自己心靈體操，還用一些負面的字眼，來嫌棄、不滿自己，那麼，它一定不會幫你達成目的。

請你務必記得這一點，因為，它跟愛自己的精神是違反的！

換個角度來說，**如果希望愛自己心靈體操能發揮最大的功用，請千萬不要忘記——完全接受你現在的自己，同時，也徹底愛現在自己的這個模樣**。

不難想見，這也就是為什麼，愛自己心靈體操要跟你身體各個部位講話，同時感謝它們——即便，它還沒有達成你想要的那個目標，然而，它們一直都在替你做工喔！

來，我們來舉個反面的例子吧！

譬如說，你想要瘦身好了。然而，你就不斷嫌你的大腿很肥、很粗，有很多你不喜歡的紋路，你看到它就很討厭、就很排斥它。如此一來，你是不是就在告訴它「你很討厭，你都讓我很難看」？那麼，你覺得它還會為你認真工作嗎？道理很簡單吧！

也許，你對現在的身材不是很滿意，你現在的英聽不是很好，或者你現在財務狀況不是很好，請不要討厭它，也不要厭惡它。請真真切切的接受那個你，因為，它是你的一部分，雖然，它是你希望可以改變的。倘若，**你能夠很真實的、無條件的接受自己，那就是愛自己最開始、最基礎的地方**。

假設，你剛開始沒有辦法接受自己，只要多聽幾次愛自己心靈體操，假以時日，你會自己在潛意識裡，幫助你開始真心愛自己！我之所以要再三強調這個道理，主要是讓你的錄音，更有實質的加分作用，創造出更大的效益！

如果，你錄製的態度是接受了自己，再跟自己講你愛自己的這些話語，效果會更超乎你的想像。它比你一邊排斥自己、無法接受自己——甚至憎恨自己，另一方面，卻又講愛自己的衝突、拉扯比較起來，是有如神助的！前者，是所有馬匹都同步的馬車；後者，是一匹要往那邊跑，一匹要往這邊跑，能量互抗衡的結果，就是原地踏步，一點效果都沒有。

我猜想，你已經明白了，無條件接受自己跟寬容愛自己，真的好重要、好重要，是吧?!

## 心靈體操瘦身實例

接受訓練成為催眠的療癒師的時候，我聽過一個真實的故事。有一位女士找我的催眠老師幫助她減重。為什麼會提到這位女士呢？因為，她每天晚上都在老公入睡之後，在床頭播放催眠錄音來聽，裡面提到每天至少喝多少水，記得多走樓梯上下樓，每餐要選擇健康的食物來吃……一個月以後，這位女士沒瘦，反而他老公變瘦了。在這一個月裡，以前不太喝水的老公，每天都喝足夠的水，上下樓也都捨電梯而爬樓梯，飲食也從速食餐點變成較健康的食物。

這，是怎麼回事呢？

原來，老公夜夜在睡眠中，「旁聽」了女士的催眠錄音，潛意識裡接收了那些幫助減重的指令，在不知不覺之中，乖乖的在生活上做出改變，於是，創造出減重成功的實相啊！

這說明了，愛自己心靈體操在睡著時聽，的確是有效果的！因為，就和催眠錄音一樣，它是給你的潛意識聽的，而潛意識是二十四小時不打烊的！

## 3. 找一個適當的聲音，聽來舒服順耳

首先，愛自己心靈體操，不是給你的意識聽的，因此，你在說話——在唸這些稿子詞句的時候，請你一定要放慢速度。聲音，也放得輕柔一點。如果，你覺得聽自己的聲音不習慣、不喜歡的話，沒關係，你找一個人、你的朋友，你覺得他聲音聽起來還滿舒

服的，你就請他來幫你錄音。

要是你很討厭自己的聲音，錄完了你一聽，你也覺得無法放鬆吧！不過，還是自己試試看囉！有的時候，你只需要一點點練習，沒有人天生就會做這樣的事情！另外，要是你國語說得不標準，你就說台語或家鄉的方言。假設，你天生就一口台灣國語，或普通話有鄉音。這也無所謂，就「給它」台灣國語錄下去！

總之，就是你聽起來怎麼順耳，怎麼好！

強烈建議你，先用自己的聲音試試看，因為，這也是「愛自己聲音」的一種嘗試，是吧？

話雖如此，還是先給各位一個預告——

倘若，過去你沒有聽過自己的錄音，第一次聽，會非常、非常、非常不習慣！你會覺得：這好像不是我的聲音，感覺超怪！請記得，你會需要花一點點時間，才能夠在聽覺上適應它。這，是許多過來人的經驗呢！總之，我還是建議你先錄錄看、聽聽看。要是實在不行，聽起來太不舒服、也無法放鬆的話，沒關係，那就請一個人幫你吧！

接下來，就是說話速度稍微放慢一點，聲音稍微壓低一點，語氣平和一點。

你們之後聽〈集體催眠回前世引導〉、〈原諒大會引導〉，或〈想像療癒引導〉的錄音，會發現Mophael在唸引導詞的時候，說話的速度非常慢，聲調也會低沉一點。

為什麼呢？

它主要的目的是：幫助我們的意識或是ego放鬆，因為我們正在跟自己的潛意識對談！

如果，你在錄音前心浮氣躁的話，請你不要錄音，因為效果不會很好！心浮氣躁是一種情緒，也是能量；而能量，是騙不了人的！你可以先靜心、打坐個三、五分鐘，再來唸它幾遍，等唸熟了，再開始錄音囉！

## 4. 挑選音樂的考量

下一個細節，就是配上音樂會比較好！

這個音樂，我強烈的建議你，不要放你喜歡的流行歌曲，就算它是很慢的情歌，也都不要！那麼，用什麼音樂好呢？第一個，建議你使用沒有人聲的音樂，就單純的音樂。節奏，也不要太快，最好是固定旋律不斷的重複。因為，這可以幫助你的腦波放慢，幫助你的意識、ego放鬆，直接跟你的潛意識對談。這就是為什麼催眠用的音樂，通常都會比較單調一點，沒有人的歌聲，感覺比較空靈的原因。它主要的目的，是幫助你大腦腦波放慢下來，進入一個類似催眠的狀態——甚至接近到睡眠的狀態。

另外，要是聽愛自己心靈體操，或其他催眠冥想錄音時，不小心睡著的話，其實無所謂，這很正常，你想睡，就睡吧！因為，你的身體告訴你要睡覺，就睡囉！好玩的是，即便聽著、聽著就睡著了，還是會有效果——不，應該說，效果會非常好！

一般的輕音樂，勉強可以接受。但是如果音樂的旋律性太強，如果又是一首你很熟悉的歌，當它變成演奏樂或輕音樂的話，因為太熟悉，你的注意力很容易會跟著音樂旋律跑掉。因此，最好找一首你很陌生、旋律很簡單，一直不斷重複的曲子。

至於，到哪裡找音樂呢？

不妨在網站上找找，看有沒有哪些可以免費下載音樂網站？我自己有時會用蘋果電腦裡的Garage Band，這是一種錄音軟體，裡面有非常多可以免費使用的音樂。你只需要把它的時間延長到十分鐘左右，就是一首可以不斷重複，又能讓你平靜下來的音樂。

最後，我們一步一步來，針對「愛自己心靈體操基礎篇」做仔細的解說。好，請先放下書本，聽聽本書所附ＭＰ３裡的〈愛自己心靈體操示範〉錄音。你先仔細聽一下——我的聲音、我的語調，還有我選擇的音樂。

我選擇的音樂叫Divine Relaxation。通常客戶來找我催眠療癒，或者是在想像療癒的時候，我會使用這一首曲子。這首曲子創作人是Shawn Brice，我是在接受催眠師訓練的時候，跟學校買的，共五十分鐘長。你可以注意一下，它的旋律是一直不斷重複的，很適合當背景音樂。

要提醒大家一點的是，在聽〈愛自己心靈體操示範〉時——就是我錄製的這個示範版本——請不要跟著聽就睡著了，請你保持意識清醒，把它給聽完。畢竟，我是在做示範——示範如何錄製、你可以怎麼唸、節奏是怎麼樣、聲音是怎樣，語調、音樂是如何等等，不是真的要你去做愛自己心靈體操。因此，請你先清醒著把它聽完一遍，你可以一邊聽一邊做筆記囉！

## 愛自己心靈體操示範

（錄音前，你可以先瀏覽一下文字內容，大概有個底——）

好，現在請舒舒服服、輕輕鬆鬆的躺下來。

深深的吸一口氣（留點時間給自己吸氣），

再慢慢的把氣吐出來，

讓這放鬆的能量包圍著你，

從頭頂到腳底，吸氣……吐氣……吸氣……吐氣……

好，再來三次（記得，吸氣、吐氣，是不是都有留時間讓自己吸氣）。

吸氣……（所以，你在錄音的時候，你說完吸氣就讓自己吸氣）

吐氣……「哈！」……吸氣……吐氣……「哈！」……吸氣……吐氣……「哈！」……

現在，把注意力集中在你的頭部，跟你的頭部說：

「我好愛我的頭，謝謝你們今天幫助我思考、記憶、分析，讓我頭腦清楚，完成一天的工作，我真的超愛你。」

（唸的速度放慢一點，跟著你的標點符號唸，一個句子不用太長。為什麼要慢慢唸呢？因為，我們需要留一點空白的時間，讓你在事後聆聽的時候，可以在心裡重複跟自己說這番話，也就是留出複誦的時間。因此，你才需要留一點點時間。好，繼續——）

現在聚焦在你的脖子和肩膀，告訴它們：「我好愛我的脖子跟肩膀（停幾秒鐘，因為你要給自己一點時間，在心裡默默的複誦一次），謝謝你們今天保持柔軟放鬆，支撐我的頭部（停幾秒），讓我輕鬆自在（停幾秒），我愛死你們了（停幾秒）。」

我順著肩膀，來到你的手臂（聲音要壓低，速度要放慢）、手掌說：「我好愛我的胸部（停幾秒）、我的心臟（停幾秒）、我的肺臟（停幾秒），謝謝你們幫助我的生命充滿美好能量（停幾秒），我真的真的好愛你們（停幾秒。）」

（OK，好，中間我就不再多說囉，直接到最後一段）

好的，我們再來調整呼吸。

吸氣……吐氣……吸氣……吐氣……吸氣……吐氣……

現在，對自己說，說自己的名字：

「某某某，（譬如說，你自己知道你自己叫做Mophael，你就說Mophael）我真的好愛你，你實在是太棒了、又快樂、又幸福，因為你就是愛、就是光、就是和諧、就是完美，你就是宇宙。」

（最後在這裡，會讓音樂再跑個可能10秒，或是15秒，好，接著再慢慢減弱，fade out！）

## 5. 尋找錄音、混音軟體

最後，我要提醒你一些技術上的問題。

請你自己去找錄音軟體，建議你，這錄音軟體至少要有兩軌——

一軌放你的錄音：你的聲音、乾話。乾話，就是你自己說話的聲音。另外一軌，就放音樂。我建議你，不要一邊放音樂一邊錄製。為什麼？因為你們過去沒有當過DJ的經驗，對於音量比例的調整，可能出現問題。最好的做法是，乾話錄一次，確定自己說話的速度是夠慢的、語調是夠輕柔的，而且聲音比較低一點。建議你，最好把稿子給寫出來、打出來。然後，將你的乾話，錄在第一個音軌。至於音樂，就直接拉到第二軌去。通常，錄音軟體都能讓你直接接音樂的。

好，再下來，針對背景音樂跟你聲音的比例來做調整。前面提過，我用的是蘋果電腦，它附的錄音軟體是Garage band。這個軟體就非常好用，它可以錄製好幾軌。至於，找什麼軟體、軟體如何操作，還是一樣，請你自行在網上搜尋，問一下那些懂電腦的人，說不定可以找到免費下載的軟體呢！

再來，是混音的部分。

請記得，你如果戴著耳機聽，會覺得聽得很清楚。不過，通常在聽愛自己心靈體操的時候，不會戴耳機。因為，戴著耳機睡著，很不舒服。一般來說，可能是透過電腦的音響、喇叭來播放，是吧！

因此，請記得這個小細節——

在混音混完之後，要透過喇叭來聽聽看，而且，喇叭要放很小聲來聽，不要開太大聲，因為你在聽錄音的時候，通常不會開太大聲。所以，如果音量是調到適合你平常躺著聽的音量，就比較精準。我們的耳朵很有意思，音量開很大聲的話，你聽得很清楚，小聲一點的話，就有可能音樂或是聲音的比例，讓你聽不清楚其中的某一個聲音，或者兩個聲音都聽不清楚。基於這個考量，建議混音之後，一定要透過喇叭——而且，是用比你平常習慣還小聲的音量，來聽聽看聲音的平衡，是不是ＯＫ的囉！

# 重點複習

☑ **什麼是愛自己？**

給內心小孩真正想要的愛，將愛與感謝，確實深入到你內心小孩所在的潛意識。

☑ **錄製愛自己心靈體操的目的**

讓內心小孩充分感受到你無條件的愛，協助你創造出夢寐以求的精彩人生。

☑ **和你的潛意識對談**

愛自己心靈體操是給你的潛意識聽的，為的是改變它的限制信念，幫助你創造你想要的人生。

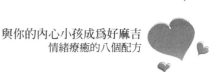

## ☑ 愛自己心靈體操的基本元素

1. 深呼吸放鬆身體及意識
2. 誠心誠意感謝身體各部位
3. 對身體各部位表達愛

## ☑ 針對需求・舉一反三

根據基本範例，針對自己不同的需求與目的，彈性修改成適合你的版本。也可以請指導靈跟天使，給你一些靈性的能量，為你帶來所謂的「靈感」！

## ☑ 錄製愛自己心靈體操重點

1. 正面字句・能量超讚
2. 愛自己——也包括不完美的自己
3. 找一個適當的聲音，聽來舒服順耳
4. 挑選音樂的考量
5. 尋找錄音、混音軟體

Formula 4

第四個配方

# 集體催眠回前世——回到前世，超越今生

我們在前面說過，內心小孩一直住在我們的潛意識裡，對著成年人的我們無聲喊著：「給我愛，讓我自由！」而這個渴望愛、渴望自由的模式，其實也印在前世的記憶裡，呼應著內心小孩今生的傷痛和信念。

事實上，在我們投胎進入肉身之前，內心小孩的「討愛模式」早就已經設定好了，這也是我們靈魂今生要超越的「人生功課」。這一點，在麥可・紐頓（Dr. Michael Newton）所著的《靈魂的旅程》（*Journey of Souls*）中，有十分清楚的紀錄。因此，藉由深度催眠回到前世，可以找到我們靈魂過去生生世世所學習的經驗，找到解開「討愛模式」的那把鑰匙，協助釋放內心小孩的傷痛情懷，達到深層的自我療癒！

## 關於催眠的幾個Q&A

在正式進入「回到前世，超越今生」的主題之前，我們先來看看，一般人對於進入催眠狀態，以及回溯前世經常會有的問題：

Q：催眠諮商，可以怎麼幫我？

A：簡單的說，**催眠可以幫你找到自己心中的無限力量，面對現今生活的困境及難題，是化解負面能量的超強效方法**。根據美國催眠診所（American Hypnosis Clinic）的統計，六次催眠諮詢的復原率為93％，二十二次行為療程的復原率為73％，而六百次傳統心理諮商的復原率則只有38％。由此可知，催眠諮詢比一般談話諮商的效果要好得多。

更棒的是，催眠還可以幫你有效控制體重（減重）、戒菸，對失眠、恐慌、習慣性焦慮、改善考試成績、提升業績、增加自信，對於其他許多事，也有極大的幫助。

Q：催眠過程中，我會失去意識、任人擺布嗎？

A：催眠諮商，是在**催眠師的引導下，進入一個類似像睡眠的狀態（還不到睡著的程度），你的意識是一直清醒的，你有完全的控制力**。進入這個狀態之下，是為了幫你從潛意識中，找到你生生世世累積的智慧及力量，處理你準備好面對的舊傷口，同時將負面能量釋放、化解，再藉由催眠師正面、積極的話語，更改你抓著負面能量不放的舊有習慣，快速由負返正。

Q：催眠諮商，怎麼和「吸引力法則」合作？

A：兩者合作，可以幫助你徹底釋放潛意識裡的負面能量；一身輕盈的能量搭配上「吸引力法則」，能夠幫你加速夢想的實現。根據無數過來人的實戰經驗，美好夢想成為現實的規模和速度，將遠遠超過你人腦所能想像到的。

Q：催眠諮商過程中，我會說出不想說的話嗎？

A：催眠諮商，可以說是在催眠師的引導之下，幫助你和你的潛意識溝通，你有絕對的自主權，不會說出你不想說的話。換句話說，要是在過程之中，你改變主意不想繼續或深入，你，絕對有自主的能力站起身來，甚至離開現場！

Q：催眠諮商的過程中，我會被強迫面對不想面對的傷痛嗎？

A：若你的潛意識還沒準備好面對這些往事，它是不會允許你觸碰這些禁地的。也就是說，你若是還沒有準備好，不會在催眠狀態中被強迫面對這些傷痛。再加上，要是過往的傷痛情緒再度出現，大到你無法承受，有經驗的催眠師，會引導你從負面的情緒中抽離，以安全安心的方式來經驗及釋放。後面的催眠回溯引導之中，Mophael會教各位如何從情緒之中抽離，請不用擔心。

Q：我不太確定自己能不能進入催眠狀態，會不會白花錢或浪費時間？

A：原則上，一個訓練有素、經驗豐富的催眠師如Mophael，是能成功將絕大多數人催眠的，只是程度不一。或深或淺，要看個人天生的體質，以及是否有打坐、冥想的習慣。習慣打坐的人，比較容易進入催眠狀態，因為打坐就是一種催眠狀態，也因此，催眠一次之後，間隔一到兩週，聆聽我特別為你錄製的專用錄音，下次再催眠時，會更容易進入狀況，也會一次比一次深。一般接受Mophael催眠的人都表示，我的聲音很能讓人放鬆，催眠過後感到釋放許多壓力。你，一定早就明白，在壓力釋放以後，對我們的生活有多大的幫助。

在這裡，我要強調的是，本書所附由Mophael所錄製的前世回溯引導，以集體催眠為導向，無法完全針對個人需求，更進一步量身打造，因此，療癒效果不會如一對一般精準、確實，也無法為你的療癒目標錄製專用錄音。然而，多聆聽前世回溯引導錄音，可以協助各位讀者，更容易進入深層催眠的狀態。一旦進入你潛意識中的超意識，就能輕易啟動前世的記憶，協助你釋放深層傷痛，回到自我療癒的光與愛當中。

Q：催眠一定會回到前世嗎？

A：不一定，要看有沒有必要。若你的潛意識準備好了，認為有必要將你帶到前世，找出你現今問題的根源，那麼，就算不刻意去引導，也有可能被帶到前世去，找自我療癒的方式。Mophael個人認為，這是好事一件，因為你可以藉此釋放很深層的傷痛，喚醒內心的療癒師，發揮自己本來就有的力量，幫助自己改變舊習性，進而靈性成長。這，是我個人的經驗談喔！

Q：我可以只為了回到前世而接受催眠嗎？

A：當然可以！然而，創造出來的效果及進度如何，要看你的潛意識準備好了沒？或者，它要讓你知道多少細節？一般人經過幾次催眠之後，會一次比一次容易進入深層催眠，回到前世去的感應會更清晰，釋放傷痛情緒的效果也更顯著。

Q：催眠回到前世中，我會經歷重大傷痛嗎？

A：有可能。然而，一個訓練有素的催眠師會有方法，引導你自傷痛情緒中抽離，也就是說，你會知道發生了什麼事，但不需要再血淋淋經歷一次痛苦。記得，自主權在你和你的潛意識，身為催眠師的Mophael，會配合你的意願及進度，以溫和的方式來幫助你——就像本書所附的催眠引導錄音裡呈現出來的能量一樣。

好，有了這些基本概念，以及Q＆A的釋疑之後，我似乎已經聽到各位在心裡大聲呼喊：「我可不可以試試看呢？」

# 集體催眠的目的與注意事項

接下來，我會帶領大家，一起來做「集體催眠」，目的是——

回到前世去找一個模式，
以超越今生的種種挑戰，
讓靈魂能夠順利而美麗的成長！

我們大概會花一段挺長的時間，帶領大家回到三個前世。然後，再針對每個前世，去看一下，你現今生活的問題跟你前世之間，有什麼樣固定的模式。當然，中間可能會經歷一些負面情緒，Mophael也都會引導你，做一些初步的釋放。

要特別提醒各位一點的是，如果你過去沒有進入催眠的經驗，今天萬一進不去，是很正常的！你可以事後再多聽幾次引導錄音，不斷嘗試或練習。我也要請你不要自我設限，認為自己一定進不去，或一定進得去。反正，你就是放輕鬆，就像小孩子玩遊戲一樣，不要有得失心，好嗎？

記得，你要是**放得越輕鬆，效果，就會越美好**！

最後，也要特別解釋的是：這，跟一對一的深層催眠療癒，還是有點不一樣。因為一對一的深層療癒，是專門針對你個人的問題來找尋根源，所以才需要個別帶領你回到前世探尋。因此，它可以按照狀況，針對你的能量狀態或負面情緒做釋放，得到深層的自我療癒。簡單的說，在深度催眠的空間裡，催眠師可以和個案即時互動，協助個案創造出深度的療癒效果。

正因為如此，它的自我療癒是比較深層的，因為一對一嘛，可以針對個人的議題，量身打造、精準釋放。但在這裡，因為是一對多——Mophael一個人，對所有讀者團體的關係，真的沒辦法針對每一個人的情緒或明確的傷口，進行深入釋放跟療癒。然而，在整段引導當中，Mophael仍然會帶著你，做一些初步的釋放。

提醒你一件事，**如果回到前世，你發現前世的遭遇，勾起太過強烈的情緒，你可以按照引導，讓自己飄浮在半空當中**。也就是說，你可以看著底下發生什麼事情，可是，不用再次去感受排山倒而來的負面情緒。這，是個保護自己的方式，OK？

**總之，請放輕鬆，就小孩像玩遊戲一樣**。反正，就當它是一個新奇有趣的經驗嘛！

集體催眠，過去有許多人都做過。藉由這麼一次經驗，大家聚在一起來做，也能得到還不錯的效果。所以，不妨試試看囉！在集體催眠回前世之後，我就會把你帶回這個現實空間來。這整個過程，就算到此告一個段落。

Mophael希望各位，可以得到一些有趣的啟發。

# 回到三個前世，找出今生問題的模式

## 先想著想解決的問題

好，在進去之前，大家可以先想一下，你在目前生活當中，碰到一些什麼樣的問題，你希望能找到根源，幫助你化解這些問題？

好，你現在可以開始想那些問題——

接著，就請你聽著我的引導，慢慢享受這個放鬆的、甚至奇妙的——前世之旅！那麼，我就先在這邊跟大家說：「掰掰囉！」

Enjoy the ride——好好享受這趟前世之旅！

## 深層放鬆好簡單

現在請你輕輕鬆鬆的、安安靜靜的躺下來，坐著也可以。

你可以輕輕動一動你的脖子、肩膀、背部、腰部，讓自己處在一個最放鬆的姿態、最安心的姿勢。等你準備好，你可以深深的用鼻子吸一口氣。很好，再把氣完全吐出來，像這樣──哈──把所有的二氧化碳、所有的雜念、所有的想法，都一併吐出來。

說到想法，如果腦海裡有想法跑出來，沒關係，就讓它進來──像一朵雲，以及一隻鳥，飛進天空，再飛出天空。

這個時候，你可以在心裡想著，你在目前生活當中，碰到了什麼樣的挑戰、碰到了什麼樣的功課，想藉由催眠回到前世去，找到一些因果關係，可以幫助你解決、或者是面對這個挑戰、學會這個功課，接著，把所有的意念先集中在這裡。

你做得非常非常的好，像這樣繼續放鬆。

等你準備好，我們再深深的吸一口氣。用鼻子吸氣，來……

很棒，再把氣完全吐出來，像這樣——哈——

這，是用來清洗你的能量，最好的呼吸方式——用鼻子吸氣，嘴巴吐氣，把所有的氣都吐出來。

來，我們再很快的做一次。

用鼻子深深的吸氣，把氣吐出來——哈——

很好，現在，你可以在心裡頭，很誠心誠意的請求你的指導靈——祂就是你靈魂的導師——請祂幫助你，幫助你放鬆、幫助你進入更深的放鬆階段。

所以，你可以想像一下，指導靈送來很溫暖的光，這道光充滿了愛、充滿了慈悲。現在，從宇宙、從天空灑下來，進入你的頭頂，在你頭頂幫你溫柔的按摩。

現在，你的額頭、你眼睛四周的肌肉，都開始一點一點的鬆開來，你可以把嘴巴輕輕的張開一點點，想像一下，這是指導靈要來幫助你放鬆，最棒、最舒服的方法。

繼續再往下走，想像一下，這道光現在通過你的臉部，來到你的喉嚨，讓你的脖子、肩膀還有手臂變得非常的柔軟、非常的舒服。

啊——就好像做夢一樣，輕盈自在的再往下，再往下走，

就像英文會說 down……down……down……

再往下，讓自己完全放鬆，往更深的地方去，

就像英文會說 deeper，再深一點，deeper 往更深的地方去，

deeper……down……

順著這一股放鬆的能量，繼續再往下走，

你的背部、還有你的腰部這兩片大肌肉、所有的神經，甚至細胞都一點一點的分解了、溶化了，變得好輕盈、好自在。

也許，你會感覺你的眼皮越來越重、越來越重，

你可能會擔心你會這樣子失去了控制。

別擔心，來……

我們把眼睛輕輕的張開來，確認一下一切都是安心的、安全的，

很好，再把眼睛輕輕的閉起來，同時想像一下，你放鬆得更多。

確定一切都很安心、一切都在你的掌控之中，

所以，你可以讓這個能量，來到你的胸口，和你心臟本來就有的美好能量——充滿了愛、充滿了光——結合在一起。

然後，再往下……到你的腹部，

所有的器官、所有的組織，甚至細小的分子、粒子都變得特別的柔軟、十分輕盈。

繼續再往下，讓這一股能量繼續往下，帶著你放鬆，來到你的臀部還有骨盆。

想像一下，現在你的上半身充滿了光，非常的安穩，好自在、好舒服。

## 催眠好安心、好安全

我們再來確認一下，你是安心、安全的……

再把眼睛輕輕張開一次，看一下你非常安全，再把眼睛輕輕的閉起來。

很好！

現在，眼睛閉起來，你覺得眼皮越往下沉，再往下，再往下，

現在，你的大腿、膝蓋、小腿、所有的神經纖維，甚至毛細孔都變得非常的慵懶、非常自在，好舒服……

接著，你的腳掌也被這股能量包圍、按摩。

現在，從頭到腳，你都被指導靈送來的光和慈悲包圍，形成一個光球體，像是一個發光的水晶球，從頭到尾把你包圍起來，保護著你。

在這個水晶球裡，只有愛、只有光，其它所有你不需要的能量，都進不來。

來，我們再確認一下你是安心的、安全的，

再輕輕的把眼睛張開，很好，再把眼睛閉起來。

當你閉上眼睛，你會覺得自己全身上下，充滿了安全自主的能量，

一切都是那麼安心自在，好安穩、好祥和。

現在，我會從10倒數到1，

我每數一個數字，每說一句話，甚至空出一個長長的停頓……

就像這樣，都只會幫助你放鬆得更多，

對，放手讓自己去吧！

10……9……8……

讓這個能量帶著你，往下飛翔，飛啊，飛啊，飛啊，

往更深的地方滑行，滑呀，滑呀，滑呀。

7……6……5……

就是這麼慵懶、輕盈自在，

讓你的指導靈帶你繼續往下飄，往下飄，再往下飄。

4……3……2……

把所有的注意力，都集中在我的聲音上，

其他你所聽到的任何環境的聲音，或是通訊上的聲音，或者是救護車的聲音，都只會

幫助你放鬆得更多、更深。

3……2……

繼續再往下飛呀……飛呀飛呀，

滑呀……滑呀滑呀，

往更深的地方飄啊……飄啊飄啊，

安心……安全……安穩的墜落，

安全的墜落……墜落……墜落……

1……

你做得非常非常的好，就像這樣，繼續按照自己的步調，

繼續放鬆，放鬆……

同時放手，放手……

你非常的安全、非常的安心，

指導靈就在你的身邊幫助你。

現在，我會從5倒數到1，每數一個數字，你會放鬆兩倍、三倍，甚至更多。

所以，當你聽到一個數字，你就感覺或是想像自己放鬆兩倍、三倍、更多倍。

5……放鬆，放鬆兩倍、三倍。

4……兩倍、三倍、五倍、十倍，好放鬆。

3……放鬆得更多、更深。

繼續再往下，

2……就是這麼輕而易舉、這麼輕盈自由、安心自在，往下放鬆更多倍、再更多……

來到了1……

## 進入潛意識

這一次，我們再往下……繼續再往下……往下……

往更深的地方去，往下……往更深的地方去，

再經過三個階段，分別是A……B……和C……

繼續像一朵雲一樣，再往下飄——飄啊飄啊，

同時，安心的往下墜、安全的往下墜啊……墜啊……

繼續再往下墜啊，來到了A這個階段。

還有兩個階段，你就會來到一個放鬆得最深、最深的階段。
在這裡，有非常多美好的記憶，有非常多光的訊息，
儘管讓自己再放鬆……再放鬆……來到B這個階段。
你還可以再放鬆得更多，再往下……再更深……
down……down……down……
deeper deeper……deeper deeper down……
接下來，還有幾步路，你就會來到最放鬆、最放鬆的C。

你做得非常的好！

繼續放鬆，像這樣繼續……像英文所說的放鬆……
relax……relax……relax……
很好，現在你的指導靈，就要帶著你到你今天想去的地方。
指導靈可以幫助你，讓你藉由你的水晶球，
就是從頭到腳把你包起來的這顆水晶球，

藉由它穿過時間、超越空間，

所以，現在你的指導靈也進入你的水晶球，幫你設定好時間，帶你回到幾個重要的階段。

超過時間、穿越空間……

超過時間、穿越空間……

超過時間、穿越空間……

## 回溯前世的水晶球

現在，你的水晶球已經開始快速的旋轉，

帶著你在時空之間旅行，帶著你回到你現在在生活當中，所碰到的問題或是挑戰，也許和你學習的功課有關的記憶。

你什麼都不需要做，儘管放鬆，一切交給指導靈，

祂知道，要把你帶到那一段記憶，或者是那一生、那一世。

水晶球快速的旋轉、快速的啓動、快速的起飛，

穿越時間、超越空間……

超過時間、穿越空間……

超過時間、穿越空間……

慢慢的，水晶球被指導靈設定好的數字，開始進入倒數階段。

現在你看到了25，往下倒數，24……

水晶球開始慢慢的停了下來，23……

水晶球再慢一點，22……

水晶球繼續緩緩的、很優雅的旋轉，21……

數字越來越模糊、越飄越遠，20……

越飄越遠……越來越模糊……

越飄越遠……越來越模糊……

現在，數到19了，還是28，還是3，或者9？

不重要，讓它去吧，讓它安心的去吧！

現在，水晶球已經完全停下來，你的指導靈讓水晶球開了一扇門，同時告訴你：

「你已經抵達目的地。」

## 第一個前世

現在準備好，把你的雙腳踏出門外，

我會從3倒數到1，當我數到1的時候，你的雙腳會踏在地板上，

同時，你會很清楚的感應到，你身邊周遭的環境：

你在哪裡？做什麼？你是誰？在哪一個年代？身邊有哪些人？

這些訊息，都會輕鬆的、清楚的出現在你的頭腦裡。

你可能會看到一些片段、一些畫面，

或者，你可能會聽到一些話、感覺到一些情緒，

或者，你什麼都看不到、聽不到、感覺不到，

你就是知道——因為指導靈在幫助你，你當然知道！

準備好踏出門來，

3……2……1……

很好！

接下來，我會給你一個訊號，你的眼睛繼續閉起來，用你心裡頭的那一隻眼睛，來觀察你的環境。

當你聽到我的訊號聲——就是我清嗓子的聲音，你用心裡頭的那隻眼睛，低頭看一下。

準備好——（清嗓聲）

好，低頭，用你心裡頭的那隻眼睛，看一下那雙腳——

是一雙大腳？還是小腳？

放輕鬆！讓訊息自然進入你的頭腦裡。

感應一下，那是一雙男人的腳？還是女人的腳？

腳上穿的鞋子是東方的？還是西方的鞋子？是現代的還是古代的鞋子？

你做得非常非常的好！

現在，繼續放鬆，讓指導靈帶著你，來到你的祕密花園，

在這個花園裡，有綠色的草皮，非常的青翠，有綠樹成林。

來，你的腳輕輕的踏上草皮。

記得，這個神祕的花園，是只有你一個人知道的地方，它是你專屬的祕密花園，

在這裡，你可以完全的放鬆、完全的享受。

來，雙腳踏上草皮！

也許，你會感覺到草皮在你的腳邊磨蹭，
甚至可能會感應到露珠——冰冰涼涼的。

繼續往前走，再往前走，
來到一片樹林，陽光從綠葉間灑下來，灑在你的身上，
讓你覺得非常溫暖、非常舒服，
微風輕輕吹過來，吹得樹葉沙沙作響，
同時輕輕的拂過你的髮梢，感覺非常心曠神怡。
繼續再往前走，穿越樹林之後，你看到一座噴水池
——白色的大理石所堆砌而成的，中間有雕像。
噴水池旁邊，有非常多大理石做的石椅。

來，走近噴水池，來到噴水池邊，低頭看一下水中的倒影，
看一下水中的倒影——也就是你自己，現在留長髮？還是短髮？
身上穿的衣服是什麼樣式？西方的、東方的、現代的，或者是古代的？
很好，繼續安心的讓指導靈帶著你往前走。

越過了噴水池，你會來到一座白色的殿堂，

這個殿堂，也是大理石石柱所雕刻建築成的。

你的指導靈，帶著你踏上殿堂的階梯，同時來到殿堂的大門，

你發現，原來這個殿堂是一座圖書館。

## 調閱靈魂阿卡莎紀錄

你的指導靈告訴你：「所有靈魂生生世世的紀錄，都在這圖書館裡。」

所以，讓你的指導靈帶著你繼續穿過大門，來到圖書館的一個角落，

抬頭一看，你發現在這個專區刻有你的名字，

這個專區的書架上，每一本書都寫著你的名字，每一本書都是你一生的記載，生生世世的記載都在這個區域裡。

你的指導靈知道，你今天回到前世去，想要找你現在生活當中所碰到的一些問題、挑戰，或者，是學習的功課，看看它們的根源在那裡。

所以，你的指導靈從書架上拿下一本書，這本書裡，就記載了你今天所有想要找到的答案。

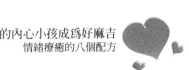

現在，指導靈把這本大書翻開來，

你看到第一頁，除了有你自己的名字之外，還有重要的關係人物。

譬如說：

現在你正因為某件事情而煩惱的當局者、參與者，或是，其他關係人

——你的父母親、朋友、男朋友、女朋友、老公、老婆，

這些人的名字，都放在第一頁上。

接著，你的指導靈，很快的把這本大書翻到那一頁——

跟你今天問題相關的所有資訊。

在這一頁的左上角，有一張圖片，

仔細看進去，你發現原來它像是一部電影一樣。

在這部電影裡頭，上演著你現在這一輩子——也就是今生，碰到問題的根源。

這個根源，就記載在這本書的這一輩子裡，

所有的答案，就在這圖片裡。

放心，你的指導靈會幫助你。

所以，你只要放輕鬆，想像一下——

用你心裡頭的那一隻眼睛，看進這張圖片，

這張圖片，就立刻變成一部立體的電影。

裡面上演著，你在這一輩子裡幾個重要的情節——

裡面有誰？

這個人，對你說了什麼？做了什麼？讓你有什麼樣的感受？

或是，還有其他的人？

說了什麼？做了什麼？也造成你另外的感受？

所有該出現的人，都在這裡。

你可以仔細觀察一下，這一些相關的人物，看進他們的眼睛深處，看進他們的靈魂，看一下這些人在今天——二十一世紀裡，也就是今生的你，認不認識？

這些出現在你前世的人物，和你的關係是什麼？對你的影響又是什麼？

記得，你只要放輕鬆，所有的訊息，會以最適合你的型態讓你知道。

所以，儘管放鬆，讓訊息很流暢的進來。

你做得很好！

## 重返關鍵時刻，釋放深層情緒

現在，再請指導靈幫助你，幫助你再把這本書翻到另外一頁，來到你在這一輩子非常關鍵的時刻。

在這本書裡頭的這一頁，下方有一個圖片，

圖片當中記載著細節——

剛才你所看到的跟你有關、有互動的那些人物，現在他們怎麼了？發生了什麼事？或是，剛才你所發現的情節，現在結果是什麼？給你什麼樣的感受？

如果，你在這個時候有悲傷、負面的情緒，或者是憤怒、恐懼的情緒，

記得，你的指導靈在身邊幫助你。

如果，這些情緒過於強烈，你沒有辦法承受，

沒關係，就想像自己像靈魂一樣，飄在半空中，把自己從情節當中抽離出來。

你可以往下看得非常的清楚，或是，感覺得非常的清楚，

發生了什麼事情？

因果關係如何？

情緒如何？

但是，你可以不用自己感受，那些太過強烈的情緒。

如果，這些情緒你覺得你可以承受，那麼，你就待在這個情緒當中，它可以幫助你療癒，對你來說是好的。

好，現在我們請指導靈幫助你。

如果在這裡，你有感覺受傷、背叛、受到傷害，或是被欺騙、被出賣等等而產生的負面情緒，我們請指導靈幫助你，送愛和光給你。

所以，你可以想像一下，指導靈送來的光，把你這些負面情緒化解掉。

去感受一下這些光，慢慢的把這些負面情緒化解，讓它們溶化。

同時，這些負面情緒消失之後，都被這些光的粒子給填滿。

你做得非常、非常好！

現在，我們再用鼻子深深的吸一口氣，

同時把氣全部吐出來——哈——做能量上的轉換。

好，我們再一次深深的吸氣——哈——

## 第二個前世

這一次，我們再請指導靈幫助你，幫助你再往前，再往時間的前面去，來到更早的前世，找出發生事情的根源在哪裡。

所以，放輕鬆！

你的指導靈知道怎麼做、知道要把你帶到哪裡去——那一個更早的前世，和你剛剛發現的這些情節有關的，而且，是問題的根源。

我會從5倒數到1，然後，你會聽到我清嗓子的聲音——這是一個訊號，當你聽到這個聲音，你會立刻再往前，來到另外一世。

5……4……3……2……1……（清嗓聲）

很好，現在指導靈已經把另外一本書，放在你的手裡。

這一本書代表的是，另外一個前世。

指導靈很快的翻到那一頁，也就是你這一生重要的那一頁，和你這幾輩子所學習的功課、面對的挑戰，最直接相關的最源頭。

翻到那一頁，在右手邊的圖片裡，所有的情節跟細節都在這裡。

來，看進去那張圖片——

立刻你會知道，它變成了一部立體的電影，

而你，就在裡面。

去感覺一下，看一下身邊有誰？有哪些人？你在哪裡？

也許，你可以感覺一下，這是什麼年代？把浮現在你心裡頭的第一個數字記下來，你不用刻意想。

看一下你身邊周遭是誰在？發生了什麼事情？

你身上穿的衣服、腳上穿的鞋子，是什麼樣的款式？

你是做哪一行的？幾歲？

現在，你的心情怎麼樣？

很快的，和你二十一世紀——今生所碰到的困難、挑戰，以及該學的功課相關的人物都出現了。

仔細的看一下，看進他們的靈魂深處、看進他們的眼睛，這些人，你在今生認得他們嗎？

在這本書所記載的前輩子當中，他們和你的關係是什麼？

他們說了什麼？做了什麼？跟你的互動關係是什麼？

對你的情緒有什麼樣的影響？或衝擊？

很好，你繼續放鬆，讓自己完全進入這個情節當中，找出今天你所想知道的答案。繼續待在這裡一分鐘。

很好，這個時候感應一下，你心情怎麼樣？情緒怎麼樣？

如果這些情節讓你發現，你受了傷、有些負面情緒，沒關係，接受它。

如果，情緒太過強烈，你沒辦法承受，就讓自己飄在半空中，抽離出來。

現在，我們再請指導靈幫助你，送來更多的愛、更多的光，

把現在你所感應到的這些負面的情緒照亮、化解，同時用光填滿。

我會從3倒數到1，當我數到1的時候，指導靈送來的光，會把你心裡頭的這個部分照亮、填滿。

3……2……1……

很好，現在這裡，已經完全被光填滿，充滿了光的粒子，閃閃發亮。

現在，繼續放輕鬆。

來，輕輕的吸一口氣到你的胸口，然後再把氣吐出來。

好，這一次我們深深的用鼻子吸氣，再把氣完全吐出來——哈——做能量上的轉換。

**第三個前世**

我們繼續在時空當中旅行，讓指導靈帶著你再到某一世去。

在指導靈幫助之下，你可以穿越時間、超越空間，自由的來到另外一世、另外一輩子，也許和你今生的問題相關，也許無關。

儘管放鬆，你的指導靈知道要把你帶到哪裡去。

現在，想像一下指導靈拿出另外一本書，同樣書上有你的名字。

記得，不管你聽到什麼聲音，都只會幫助你繼續停留在這個放鬆的階段，甚至更放鬆，訊息接收得更清楚。

指導靈很快的翻開，你在這一輩子很關鍵的那一頁，

指向一張圖片讓你看進去，再一次，這張圖片又變成立體的電影，
你就是電影的主角。
去感應一下、去看一下，現在你身邊周遭有誰？
你和他們關係怎麼樣？發生了什麼事情？
你的職業是什麼？今年幾歲？
這是一個什麼樣的年代？幾年？把腦海裡所浮現的第一個數字記下來。
同時，我們再觀察一下，這些和你相關的人物，
看進他們的眼睛深處、看進他們的靈魂，去感應一下，
這些人，你認識嗎？
他們和你的關係是什麼？
這些人，是不是同樣也出現在二十一世紀的今生？

繼續放鬆，接收更多的細節，你會知道更多的因果關係。
不管是對於人、事、物，你都會很清楚的接收到。
指導靈在這裡幫助你，幫助你今天可以找到答案。
很好，繼續待在這裡。

記得，如果有太強烈的情緒，你可以隨時抽離出來，想像自己浮在半空中，非常的安全。

很好，這些出現在你身邊周遭的人、事、物，和你的互動關係，造成了什麼結果？結局是什麼？對你的影響是什麼？帶給你什麼樣的情緒？

如果，在這個事件當中，或是這些事情當中，你覺得受了傷害，有一些負面情緒、有一些傷口，

沒關係，把注意力集中在這個負面的感受上，我們請指導靈幫助你，用愛和光把它化解掉、轉化掉。

好，現在你可以想像一下指導靈送來更多的愛、更多的光，把這些情緒、這些負面的能量照亮、分解、化解，最後再用光的粒子將它填補起來。

現在，我會從3倒數到1，

當我數到1的時候，這些負面的情緒，或者是你剛才另外兩個前世當中，所殘留的負面情緒，都會被更清楚的、更徹底的分解、溶化跟轉換。

3……2……1……

很好，現在想像一下，從頭到腳把你包起來的這一顆水晶球，閃閃發亮，

花一點點時間，回到這一顆水晶球裡。

在心裡頭感謝一下，指導靈今天來幫助你，給你能量、給你愛、給你光，同時幫你療癒傷口。

現在，你已經慢慢回到光球體裡——也就是水晶球裡，

水晶球的表面，非常的明亮耀眼，

同時去感受一下，水晶球裡充滿了指導靈送來的愛、無限的慈悲。

花一點點時間想像一下，水晶球的表面有千萬條光線，細細的交織在一起，非常明亮，用你的想像力，讓這些交織在一起的光線，變得更多、更密、更亮、更美。

你做得非常、非常的好！

**照亮暗點，為原諒做準備**

現在想像一下，你的心臟打開，

從你的心臟，發射出一道光芒，

非常明亮，非常耀眼，

這一道光芒，照在你剛才回到的三個前世當中，所出現的人、事、物上。

這個時候，不管是誰出現在你的面前，讓他們接受你從心裡頭射出的這一道光，燦爛耀眼，無比的光亮。

想像一下，這道光把這些人包圍起來，變成另外一顆光球體，非常的燦爛，非常的溫暖。

現在，把自己出現在這三個前世的模樣——也就是過去的你，放在眼前，一樣，你心裡頭射出的這一道光，照向這三個人，

讓這三個人全身都發亮，充滿了愛，充滿了光。

你做得很好！

再把注意力放回自己的水晶球上，

這一次，讓它表面的光線變得更多、更密集、密度更高、更美、更亮，

甚至，開始旋轉起來，而且越轉越亮、越轉越大、越轉越大、越轉越亮。

再一次，我們在心裡頭，誠心誠意的感謝你的指導靈，
謝謝祂送來的智慧、送來的光，
帶著你回到前世，看到你今生問題根源的所在，
同時，也得到一些初步的療癒。
同時，也感謝你自己的勇氣、你自己的智慧，
讓你今天經歷了這一趟時空之旅，得到療癒、得到釋放。

好，現在我會從1數到10，
當我數到10的時候，你就完全清醒過來，精神很好、注意力很集中，非常想要微笑；而且，你會把剛才所看到、所感應到、所接收到的細節記得非常清楚。
1、2，開始動你的手腳，伸展一下它們，
3、4，讓能量快速的活起來，
5、6，動動你的肩膀、脖子，全身伸展一下，
7、8，慢慢的張開你的眼睛，所看到的一切人、事、物變得特別的美，
9、10，注意力很集中，精神很好，心情超棒！

# 重點複習

☑ **催眠諮商，可以怎麼幫我？**

催眠，可以幫你找到自己心中的無限力量，面對現今生活的困境及難題，是化解負面能量的超強效方法。

☑ **催眠的過程會如何？**

在催眠師的引導下，你會進入一個類似像睡眠的狀態（還不到睡著的程度），你的意識是一直清醒的，你有完全的控制力。

☑ **集體催眠的目的**

是協助你回到前世去找一個模式，以超越今生的種種挑戰，讓靈魂能夠順利而美麗的成長！

## ☑ 集體催眠的程序

1. 先想著想解決的問題
2. 深層放鬆好簡單
3. 催眠好安心、好安全
4, 進入潛意識
5. 回溯前世的水晶球
6. 調閱靈魂阿卡莎紀錄
7. 回到三個前世
8. 進入阿卡莎紀錄圖書館
9. 重返關鍵時刻，釋放深層情緒
10. 照亮暗點，為原諒做準備

Formula 5

第五個配方

# 想像療癒——在想像力中，輕鬆療癒！

# 什麼是「想像療癒」？

想像療癒，是我二〇一〇年經歷「雙生火焰」感情考驗的時候，在指導靈團的帶領之下，綜合之前經驗所發展出來的強效療癒工具。它，會**把你帶到一個想像的空間去，針對你的情緒——尤其是負面的情緒，做深層處理。同時，跟你玩一些想像力的遊戲——包括光、符號、負面情緒、身體上的病痛，以及內心小孩的回溯等等**。

一切，都靠你發揮想像力，也讓自我療癒，在想像力的遊戲中完成。正因為如此，想像療癒能協助各位療癒、原諒內心小孩，更進一步釋放他自由，讓成年人的你發揮創造力，在遊戲的歡樂之中靈性成長，並實現夢想！

# 情緒出現，是因爲它要離開了

在這個空間中，你可能會找到一些問題的根源，也許是你記不得的、也許你並不知道為什麼，或者你不明白為什麼會回到那時候，為什麼會有這樣的遭遇等等。這些遭遇，有些人知道，有些人不知道；有些人記得，有些記不得。但是，這個療癒都有一定的效果。不過，我也坦白跟各位講，因為我們是集體的想像療癒，是一對多，所以它沒有辦法針對你個人的某種情緒，或是某個需求去療癒、釋放過去的傷痛。

你可以反覆聆聽本書所附的〈想像療癒引導〉錄音。只是要記得，因為沒有辦法深入瞭解你個人問題的關係，它可能還是會有一點點的限制。也就是說，它跟針對你的問題量身打造、專精深入的錄音，是有所不同的。

我一對一的「綜合深度療癒」課程，通常會在前面花一點時間，去瞭解你的問題及背景，抓出療癒的主題。我可以不謙虛的說，因為我是有經驗的光行者，在設定主題之後做想像療癒，會比較清楚、明確。由你自行操作，可能會不知道要怎麼深入，又該在哪裡釋放情緒。因為，面對自己的問題，自己總是不夠客觀。這，和你的天資能力、努不努力、有沒有心，一點關係都沒有。

不論如何，還是都試試看，好嗎？因為，它有一定的效果。有些人自我探索的時機到了，甚至可以創造出深層的療癒效果呢！

跟各位簡單的講一下，這個想像療癒的方法，其實並不是我個人想出來的——當然，它結合了我過去的經驗、看過的書、上過的課。主要是二〇一〇年，大概在兩年前，我因為搬家的關係，感情受到非常大的衝擊，需要接受深度療癒。於是，就請我訓練出來的光行者Sonya、怡婷、潔安協助我。當時，在幾度進入深度催眠的空間裡，我的指導靈還親自出來帶領我，把我過去的經驗、工具、還有觀念組合起來，發展出來這樣一個創意十足的工具——想像療癒。

正因為如此，它其實可以是一個很有趣的遊戲！

只不過，由於在過程中，它會協助你釋放掉深層的負面情緒，你可能會產生一些情緒的反應。請記住，這是很正常的。當時在密集「接受訓練」的時候，指導靈曾經給我一句銘言：「你這些傷痛的情緒出來了，其實不用害怕；它在這個時候出現，是因為它要離開的意思。」

沒錯！

**「情緒會在這個時候出現，是因為它要離開了！」**

因此，如果你順勢讓它離開，就可以得到釋放、得到療癒。如果你會害怕，抓著它不放手的話，反而會受到較大的衝擊，引起更深的衝突。想當然耳，你就會覺得比較辛苦囉！

# 想像力，是眞的！

來自高次元的高靈歐林曾經說過：「**當能量振動頻率提高的時候，所有的想像力，都是真的！**」

這，也就是為什麼，想像療癒、與指導靈溝通、靈魂療癒等靈性工具，都要大家先進入一個靜心、冥想的靈性空間，藉此提升能量振動頻率，然後，再讓各位自行發揮想像力，創造想要的美好結果。

另外，想像療癒是一個協助我們療癒內心小孩的強效工具，因此，在這個章節裡，我們也要貼心提醒你，既然是與內心小孩合作，就要請你用力發揮「小孩般的想像力」，像玩遊戲一般，來聽想像療癒的引導錄音，那麼，就會創造最大的療癒效果。

要特別指出是，我們會在這本書裡先給各位一個基礎的引導，將來再特別針對這個主題，更深入引導大家，做最徹底的情緒釋放及自我療癒。敬請各位期待囉！

想像力，就是你的魔法！

療癒內心小孩最好的方式，就是讓那個躲在成人外表下的小朋友出來玩耍；而且，是在一個安心、安全的空間裡，自由自在、無憂無慮的玩樂。讓他充分發揮想像力，是一個很棒的開始。小孩子的想像力，是無邊無際、天馬行空、無限可能的。然而，在成長的過程裡，我們雖然變得世故、懂事，卻綑綁了做夢的權利，只因為大人告訴我們，要讓自己現實一點，才能在競爭激烈的職場中求生存！

一點一點，我們的想像力被封鎖。一點一點，我們開始不相信奇蹟。事實上，我們忘了——**奇蹟，無所不在**。奇蹟，本該是常態，而這常態，建築在想像力之上，這想像力，就是《祕密》這本書中提到的「觀想」，也是我個人所稱的「打坐發功」。

曾幾何時，這宇宙、上蒼所賦予我們的創造本能，居然變成了虛幻、不切實際的代名詞？

發揮想像力，在某種程度上，就是讓內心小孩出來，天真快樂的玩耍。而只有當內心小孩放心出來玩遊戲時，他才能協助你釋放前所未有的創意和創造力。最棒的是，內心小孩自由了，你在情緒表達上就會覺得既安心又安全，對於坦白自己的情緒需求來說，也會像呼吸一般自然又自由。

**大多數內心小孩的傷痛，都來自於不敢表達情緒，尤其是負面的情緒**。這些負面能量日積月累，就成了靈、心、身上的各種症狀，大大衝擊我們的事業、感情、人際關係。我們也因為無法自由表達情緒，常常不自主的隱藏自己真正的情緒需求，形成許多溝通上的扭曲，心裡真正想要的和嘴裡所表達的，總是大相逕庭，在人際互動上產生摩擦、發生許多爭執，傷痛因此就形成了。

想像療癒，除了幫助內心小孩釋放深層傷痛之外，還會引導各位釋放內心長期受困的小朋友，在靈性的想像空間裡，盡情揮灑想像力，讓你本來就有的精彩想像力，在安心安全的能量之中，自然而然的鬆綁，更進一步落實在每天的生活當中。

你，現在就可以發揮想像力，想像一下——

當全世界人類，
都坦誠無礙的說出眞正的情緒需求，
放心自在的表達自己的負面情緒，
即使表現生氣了、悲傷了、挫折的、脆弱的眞實模樣，
還是一樣被愛、被聽見、被在乎……

那，會是個什麼樣的境界？
在那樣的世界裡，
人與人之間，
還需要猜忌嗎？
還需要保護？
還需要防衛嗎？

誰，不想活得如此誠實、自在呢？

現在，就讓我們一起來解放內心小孩吧！
方法，很簡單。
只需要與你的想像力玩遊戲—也就是充分揮灑你與生俱來的魔法，
怎麼做呢？
只要聽Mophael的引導錄音，就好囉！
接下來，我就開始帶大家進入想像療癒的空間。

# 想像療癒空間的設定

## 1. 先設定好情緒

首先，想像療癒跟其他的療癒工具一樣，都是以各位的負面情緒為主。所以，我先來引導各位回想一下，你最近有什麼想要處理的負面情緒——可能是悲傷、可能是憤怒、可能是挫折、可能是丟臉、可能是罪惡。想想看，你有什麼情緒現在想要拿出來，在想像療癒空間試試看的？我提醒你，你可以放心大膽的找最赤裸的那個情緒。因為，誰也看不到你、誰也聽不到你，何不利用這個空間，順便把這些深層的負面情緒處理掉呢？也許是分手的悲傷，或者是被人背叛覺得很憤怒，也或者是有些人已經察覺到內心受傷小孩該注意的地方，你就把這個情緒當作今天的主角囉！

好，情緒設定好了。

## 2. 再找到事件

接著，來想一下，讓你有這個情緒的事件是什麼？比如說，我剛剛舉的例子，如果你的情緒是悲傷，可能是因為跟男友或女友分手，覺得自己被拋棄；也或者是，你幾年前有親人過世了，悲傷到現在沒有完全釋放掉，你還在哀悼失去親人的傷痛。又或者是憤怒好了，你可能被朋友背叛，他說你的壞話，你覺得他背叛了你，因此感到很憤怒。

所以，各位要操作想像療癒之前，先想一下，那個讓你覺得苦惱的情緒、不舒服的情緒是什麼？接著問一下，是什麼讓你產生這個情緒？如果，你一下子想不到很遙遠的過去，沒關係！先想一下，「上一次」你有這個情緒是什麼時候？可能是五分鐘之前？可能是不久之前，跟你男朋友通了電話？或者是三天之前？也許是一個月以前？

來，把那個事件想清楚。

如果可以的話，你再想一下，除了上一次那個事件之外，還有其他哪件事？或是哪幾件事——也就是上上次的，或更之前的事。回想一下，當時誰說了什麼？做了什麼？環境怎麼樣？

## 3. 回憶上次類似的情緒

如果可以，你再往前回想一下，回想到自己小的時候，是不是也有類似的情形。譬如說，跟男朋友分手，你就會想到自己是被遺棄的；或者，跟男朋友吵架，你回想起原來在小時候，你看到父母親吵架也是這樣，都一一回想起來。

我知道，當你出現了挫折、憤怒的時候，你可能會很想罵對方、責怪對方，於是冒出一些想法——譬如說，你會覺得對方是個混蛋，對方是個負心漢之類的。那些，都是一個個想法，不是你的情緒。情緒，是我剛剛說的——悲傷、憤怒、罪惡感等等。

這個好重要，請千萬記得，ＯＫ？

還是一樣，去回想——當時情形是什麼？誰說了什麼？做了什麼？帶給你什麼樣的心情？再提醒一次，回想你當時的情緒，而不是想法喔！

好，接著你就讓這些情緒出來，所以，你可能會感覺有點不太舒服，不管是情緒、心情或者是身體上的，都沒關係！記得一句話：「它們會在這個時候出現，是因為它們要離開了。」為什麼會在這個時候出現？因為，你變得比較有智慧、比較勇敢、比較堅強，也準備好要釋放跟面對了。懂我意思嗎？ＯＫ！

現在，就把注意力集中在這幾個事件上，你感覺最強烈的那一件事情上，暫時先集中在那件事情上，其他的，等一下我們都用得到。

## 進入想像療癒的空間

接著，我會帶各位進入到想像療癒的空間——這，有點類似進入打坐跟靜心的狀態。我會放一些幫助你放鬆的音樂。因為這段時間還滿長的——大概是半小時以上——所以，要去上洗手間的、喝水的，還有把電話關靜音以確定你所在的空間不受干擾的，請你現在趕快去做這件事情，我會給各位一分鐘。

一分鐘之後回來，我再開始。

**想像療癒引導**

**放鬆身體・安心休息**

請各位開始準備一下，我先把音樂聲打開，這音樂聲可以幫助你放鬆。請各位把雙腳放在地板上，雙手攤開放在你的大腿上。如果這個時候，你是盤腿而坐的話，可以；坐在椅子上，也可以。不管你採取什麼樣的坐姿，都請你挺直身體，再把身體放輕鬆。等一下，如果你要調整姿勢——不管你是要靠著椅背，或是要懸空，都可以。

等你準備好之後，把你的眼睛輕輕閉起來，然後，開始跟你身上重要的關節——像是脖子、肩膀、腰、大腿、膝蓋這些關節說：「你們可以放心、安心的休息了。」

接著，我們來調整一下呼吸。

來，首先用你的鼻子深深的吸一口氣。

來，深深的吸氣，再把氣完全吐出來，從嘴巴發出聲音來，像這樣——哈——

建議你，最好發出聲音來，因為當你發出聲音來，能夠幫助你放鬆橫隔膜，幫助你放鬆整個身子。

很好，我們再做一次。

來，這次想像一下，你從天空把氣透過你的鼻子吸進來。

來，再一次深深的吸氣，再把氣完全吐出來——哈——

把所有的氣，一滴都不剩的吐出來。

很好，我們再多做兩次。

這個叫做清洗能量的呼吸，同時可以幫助你提高你的振動頻率。

來，再一次，想像你把氣從天空吸進來，

深深的吸氣，再把氣完全吐出來——哈——

很好，再做最後一次。

來，深深的把氣吸進來，嘴巴吐氣——哈——

你做得非常非常的好！

## 引光接地．調整脈輪

現在，開始把你的呼吸放輕鬆，也就是自然呼吸，把你的胸口交出去。

想像一下，你從天空召喚過來一道光，

這道光，非常的溫暖、非常的明亮、看起來很舒服，一點都不刺眼。

想像一下，這道光進入你的額頭，幫助你放鬆眼睛四周的肌肉，

你可以把嘴巴輕輕張開一點點，這可以幫助你放鬆你的下半身。

很好，繼續讓這道光通過你的後腦勺、頸背，來到你的喉嚨跟脖子，

想像一下，光來到這裡變成水藍色的，同時分解成千萬顆細小的光的粒子。

提醒你，如果在想像的畫面當中，

你看不到——視覺上看不到的話，無所謂，很正常。

儘管發揮你的想像力，記得，你不可能做錯什麼事情！

很好，你可以想像一下，這些藍色的光的粒子，像是清晨的露珠，非常清新，
這一顆顆晶瑩剔透的露珠，在這裡幫助你調整你這裡的能量。
然後，再讓這道光繼續來到你的肩膀、手臂、手肘、手腕、手掌，
往下來到你的胸膛——包括你的上背部。
在這裡，想像光變成粉紅色的，同時分解成千萬顆細小的光的粒子。
你可以把這一顆顆光的粒子，想像成迷你的玫瑰花瓣，
非常高貴、芬芳、優雅、動人，
這一片片花瓣，在這裡幫助你調整心輪的能量——
幫助你勇敢的愛、幫助你原諒、釋放怨恨等等。
很好，繼續再讓這道光往下來到你的上腹部——
胸膛以下，肚臍眼以上，包括你脊椎的中段。
在這裡，光變成黃色的，同時也分解成千萬顆細小的光的粒子，
你可以把這些粒子，想像成是一滴滴的花精，天然、芬芳。
這些花精，也是幫助你調整能量的高手，
你可以不用知道，它們是怎麼樣幫你調整的，
只要想像它們，在這裡幫你做工就可以了。

很好，再讓這道光往下來到你的骨盆、下腹部，
還有你的臀部跟脊椎的尾端。
在這個空間你想像一下，光變成橘色的，
同時也變成千萬顆細小的光的粒子。
你可以把它們想像成是精油，一滴滴的，
在這裡幫助你按摩你的細胞、組織，幫你調整能量。
如果，你想要發揮創意、創造豐盛的話，就在這個地方。
所以，你可以想像這些精油，在幫助你釋放創意跟豐盛的能量，
還有，改善你的人際關係、獲得感情的安全感，也都在這個地方。
很好，接下來再想像一下這道光，來到你的大腿、膝蓋、小腿、腳踝跟腳掌。
在這裡，想像一下，從你的脊椎尾端，
到腳底板這個地方，光變成紅色的，
你可以把它們想像成，無數顆細微的光的粒子，甚至是一顆顆光亮的火花。
這些火花，可以幫助你燃燒來自原生家庭的傷害，
還有來自文化、團體當中限制性的想法。
你可以不用知道，它們到底是怎麼做的，因為它們都是專家，

你只需要設定意念，想像這些火花，

在幫助你燃燒這些能量，釋放這些限制性的想法。

很好，再想像一下，這道光現在往下，

從你的腳底板，發射出去到地球的中心，把地心照亮，

現在從頭到腳，你全身都被這道光貫穿。

把注意力調整到你的頭頂，用你的想像力，來觀察一下這道光，

想像一下，它越往天空、越往宇宙，就變得越來越亮、越來越溫暖、越來越細緻。再把注意力移到你的腳底板，從這裡到地心，這道光，照亮了黑暗的地心。

每當你這麼做，除了幫助你自己靜心、連結天跟地的能量之外，

也幫助你做療癒，同時，也幫助地球、以及所有人類自我療癒跟進化。

這個動作，叫做「引光接地」！

你可以經常在家，或任何你想引光接地的時候，都可以做。

如果，你記不得什麼地方的光，要變成什麼顏色，無所謂！

你只要想像，全部都是白光——

非常溫暖，充滿了宇宙的愛跟慈悲。

## 和想像力玩遊戲

很好，繼續放輕鬆！

接著，我們繼續跟你的想像力來玩遊戲。

再提醒你一次，既然是玩想像力，就不會有所謂犯錯的事情——

你不可能會做錯什麼事情！

還有，在視覺上，如果你看不到的話，很正常，只要發揮你的想像力就行了。

好，在繼續之前，我們先打開你的意識，

用你的想像力把你的意識打開。

我們請你的靈魂，跟你的指導靈來幫助你，

釋放所有跟你剛才所回想的情緒，事件相關的這些記憶、想法、情緒，

也許是一些記憶的片段——不管它們是來自於今生，或是來自於前世，

——有可能是幾個月前，有可能是童年的時候，

——有些你記不得，有些也許你還記得，

提醒你，這個時候如果你有情緒的反應，很正常，不要害怕。

因為，它們會在這個時候出現，表示它們要離開了。

現在，請你在意識當中，保持一個意念：

也就是——我願意釋放所有跟這個情緒、跟這個記憶相關的任何事情，
所以，請指導靈跟靈魂來幫助你。

## 舒緩身體的不適

接著，你可以把注意力集中在，剛才決定讓你感受最強烈的那件事情上，
回想一下，誰對你說了什麼？做了什麼？讓你有什麼樣的情緒？
從現在開始，暫時先把焦點放在這個情緒上。
很好，接著想像一下，在你身體裡頭的這一道光，
變成是一個很大的掃描器，從頭到腳掃描你的全身。
你可以觀察一下，在掃描的過程當中，你是不是發現，身體哪裡不太舒服的？
也許感覺有點緊繃，也許感覺有點脹脹的，
甚至，有些人可能會有痠、或者是痛。
好，我再多給你一點時間，讓你從頭到腳慢慢的掃描一下。
如果，你沒有感覺到，身體哪些不太舒服的地方，沒關係，
你就把所有的注意力，集中在這個情緒上面。
好，你可以在我說話的時候，繼續相同的動作。

如果，你感覺到身體某個地方，有點不太舒服的，
或是有某幾個地方，不太舒服的，
請你聽好——
繼續發揮你的想像力，想像你全身上下這些不舒服的地方，
不管你身體的感受是什麼，也許是痠、痛，也許是脹麻、也許是刺痛，
想像全身這些不舒服感覺，全部都加起來，變成一個符號——
比如說，一個金錢的符號、任何符號。
提醒你，如果在視覺上，你看不到這個符號，無所謂，用想像的。
好，接著想像一下，你看著這個符號，非常仔細的觀察它，
你可以看一下它的形狀、顏色、材質跟它的大小
——用你的想像力來看，
視覺上，如果你看不到，很正常，不代表你做錯什麼，因為你不可能會做錯什麼。很
好，如果你覺得，已經把它的表面仔細的看過一遍了，
可以想像一下，你深入它的底層結構——
也許，你會看到它的分子跟粒子、它的組織。
很好，接著把注意力收回來，放在你的胸口！

## 讓靈性玫瑰溫暖綻放

記得嗎？這裡剛才有無數一片片迷你的粉紅玫瑰花瓣，

用你的想像力，把它們全部召喚起來，

變成一朵粉紅色的玫瑰花，

這，就是你心裡頭的靈性玫瑰——

每一個人、每一個靈魂，這裡都有一朵靈性玫瑰。

好，想像一下，

這朵玫瑰，慢動作向外綻放——

一片片花瓣向外延展，非常優雅、動人、芬芳、亭亭玉立、鮮豔欲滴，

想像一下，從花的中心發射出去一道光，

這道光，是粉紅色跟紫色的。

讓這道光，照向眼前的這個符號，

用你的想像力，來觀察一下，

也許在這道光的照耀之下，它的顏色、形狀、材質看起來都不一樣了，

然後，再讓這一道光進入它的底層結構，照亮它的組織、分子跟粒子。

很好，接著想像你看著這個發光的符號，跟它說以下的話，請你把它大聲說出來。你

跟這個發光的符號說：

「我接受你，我愛你，我就是愛你這個樣子。」

想像對你最心愛的人、或是寵物，把更多的愛跟光給他，接著再說一次：

「我接受你，我愛你，我就是愛你這個樣子。」

很好，再說一次：「我接受你，我愛你，我就是愛你這個樣子。」

好，現在你注意一下，

剛才身體那些不太舒服的反應——去感覺一下，是不是有一些改變？

不管有，或者沒有，都不用擔心，

只要注意、只要觀照，保持察覺就可以了。

很好，接著讓這個符號慢慢的淡去！

這一次，想像一下你現在的自己——

也就是成年人的你自己，就站在你自己的面前，

用你的想像力，來觀察一下他的臉孔——

首先，看進他的眼睛深處，

用想像力來觀察他的眉毛、額頭、頭髮、耳朵、雙頰、鼻子、嘴巴、下巴。

接著，再把注意力收回來，放在你胸口的那朵粉紅色玫瑰花上，

用你的想像力，讓它慢動作的，開出更多層次的花瓣——
一片片的粉紅都非常的飽滿、完美——
它越開越大、越變越亮、越來越溫暖，
簡直就是一朵從天堂來的玫瑰。
想像你，再從花的中心發射出去一道光——也是有粉紅色跟紫色，
照亮，眼前的這張臉——
首先，把這道光照進他的眼睛深處，
再來點亮他的眉毛、額頭、頭髮、耳朵、雙頰、鼻子、嘴巴、下巴。
記得，你所收聽到其他的聲音，
都是來幫助你更放鬆、更能發揮你的想像力的，
所以，把注意力集中在我的聲音上。

## 原諒成年人的自己

好，現在再一次，看進他的眼睛深處——這一回已經閃閃發亮了，
看著他的眼睛，跟他說：「我接受你，我愛你，我就是愛你這個樣子。」
很好，再一次。

充滿柔情密意的、溫柔體貼的跟他說：

「我接受你，我愛你，我就是愛你這個樣子。」

非常好！

第三次，我們會做一點修改，告訴他：

「我接受你，我原諒你，我知道你盡力了，你做得很好。我原諒你，我知道你盡力了，我釋放你自由，你自由了，我也自由了，因為我已經原諒了你。」

接著，你可以再觀察一下，身體上剛才感到不舒服的地方，有沒有改變？

一般來說，到這裡，身體上感受到的那些症狀，都會減緩，甚至完全消失！

如果沒有的話，也無所謂，不代表你做錯什麼事情。

你只需要繼續的接受它、愛它就可以了。

你做得非常好！

接著，再一次打開你的意識，保持一個意念：

請指導靈、請你的靈魂，幫助你釋放更多的相關記憶、情緒、想法——

也就是說，歡迎它們出現。

也許，有些你會記得，有些你記不得，無所謂。

你只要保持——我歡迎這些想法、意念、記憶跟情緒出現。

你可以再一次有意識的，把注意力集中在，
剛才那個讓你感覺最深刻的事情上、那個情緒上，
或者，你要換一個事件，也可以，
讓這個情緒保留在你的意識當中。

## 原諒內心小孩

接著，想像一下，眼前這個成年人的自己，
開始年紀越來越小、越來越年輕——
個子也開始改變，越來越年輕、越來越小——
所以他越變越年輕、越來越小——
越來越年輕、越來越小——
越來越年輕、越來越小、越來越小——
等你直覺上覺得，想要停下來的時候，就停下來。
我會給你一點時間，讓你慢慢去感覺。
記得，如果你什麼都看不到——視覺上看不到，無所謂。
完全發揮你的想像力。

好，現在觀察一下，

停在你眼前的這位小朋友，大概是幾歲？

把出現在你腦海裡頭的第一個數字，給記下來，

如果在視覺上，你感覺看不出他的年紀，也無所謂。

好，想像一下你看著他的表情、看進他的雙眼，

感受一下，他的心情是什麼？

這裡，也不會有所謂的標準答案，不管你感受到什麼，都是對的。

仔細觀察他的雙眼、他的眉毛、額頭，

也許有一點頭髮、耳朵、雙頰、鼻子跟嘴巴、下巴。

然後，再回來讓你胸口的那朵粉紅色的玫瑰花，

開得更美、更燦爛、更聖潔、更高貴、更動人、更多的層次、更多的花瓣，

慢慢的，一層一層，一片一片的，向外伸展出去。

好，從花的中心，再一次發射出去一道光，照亮眼前的這個小朋友——

有可能是小baby，

有可能是小學生，

或者是，其他任何你所感覺到的，都是對的。

想像你用這道光，把他的眼睛照亮，把他整張臉孔都照亮。

然後，你跟他說——看進他眼睛深處，告訴他：

「我接受你，我愛你，我就是愛你這個樣子。」

很好，再一次：「我接受你，我愛你，我就是愛你這個樣子。」

第三次，我們也會做一點修正——

你看著他發光的雙眼，告訴他：

「我接受你，我原諒你，你只是個小孩子，什麼都沒有做錯。會發生這些事情，不是你的錯，也不能怪你，我原諒你。去做一個小女孩（或是小男孩）該做的事吧！那就是天真快樂的去玩遊戲、自由自在的長大。我釋放你自由，你自由了，我也自由了，因為我已經原諒你。」

好，再一次感受一下——

剛才身體不舒服的地方，有沒有什麼樣的變化？

感受一下——

你現在的心情怎麼樣？

一般來說，現在的心情應該會平靜，也許是喜悅、也許充滿了愛，

有些人，可能會感覺莫名其妙的掉眼淚，

這些，都是情緒的轉換、或者是釋放，都很正常，沒有對跟錯。

你只需要完全的接受它、感受它就行了。

接著你再來感受一下——

當初你想要處理的情緒，現在有沒有變化？

再回想起那些事情，有什麼樣的情緒？強度怎麼樣？

不管它有沒有離開、或是減緩，你都做得非常好！

好，我會從1數到5，把你慢慢的帶回來。

1，開始動一下你的手指、腳趾，

2，伸展一下手腳，

3，轉一下脖子跟肩膀，

4，眼睛慢慢的張開，

5，注意力很集中，全身上下都充滿了愛，因為你真的非常非常的棒。

以上，就是今天的想像療癒。

# 重點複習

## ☑ 什麼是「想像療癒」？

這個療癒，是把讀者帶到一個想像的空間去，針對負面情緒，做深層處理。同時，玩一些想像力的遊戲——包括光、符號、負面情緒、身體上的病痛，甚至內心小孩的回溯等等。

## ☑ 進入想像療癒空間的設定

1. 先設定好情緒
2. 再找到事件
3. 回憶上次類似的情緒

## ☑ 聆聽引導錄音

1. 放鬆身體．安心休息：讓意識放鬆，進入靈性的療癒空間。
2. 引光接地．調整脈輪：接引宇宙之光，維持高振動頻率的療癒能量。

3. 和想像力玩遊戲：輕鬆簡單，好玩有趣，不可能犯錯的想像力遊戲。

## ☑創造療癒的神奇效果

1. 舒緩身體的不適：釋放情緒後，身體的症狀大都能得到改善，甚至完全消失。
2. 讓靈性玫瑰溫暖綻放：敞開心輪，凝聚愛的能量。
3. 原諒成年人的自己，告訴他：「我接受你，我原諒你。我知道你盡力了，你做得很棒！我釋放你的靈魂自由，你自由了，我也自由了，因為，我已經原諒了你！」
4. 原諒內心小孩，告訴他：「我接受你，我原諒你。你只不過是個小孩，什麼都沒有做錯，去做一個小男（女）孩該做的事吧！那就是天真快樂的長大，自由自在的玩耍。我釋放你自由，你自由了，我也自由了，因為，我已經原諒了你！」

Formula 6

第六個配方

# 觀照321——喚醒心中的療癒師

# 什麼是觀照？

觀照，能夠幫我們喚醒「心中的療癒師」。

觀照，能夠帶著我們，回到內心小孩的過去，憶起發生的重大負面事件，讓我們清楚的明白，為什麼會養成某些負面的情緒習慣——遺棄情結、情緒剝奪，或是覺得自己沒人愛、覺得被控制，進而找到療癒內心小孩和持續改變的方法。

**「觀」，是觀察的觀；「照」，就是用光照亮的照**。藉由進入一個類似打坐、靜心的空間裡，客觀觀察自己的內心，尤其是——內心小孩的傷痛情懷及限制信念。

為什麼要觀照？觀照的目的在哪裡？你能期待些什麼？或是，怎麼處理一些不想要的狀況呢？請放心，在這裡，我都會對你一一解釋清楚的。

首先，開宗明義提醒一次：**觀照，是指客觀的去觀察的意思**。因此，我剛剛講觀察的「觀」，照亮的「照」。觀察，就是你客觀的觀察，等一下在後面，我會告訴你要去觀察什麼。先來談「客觀的觀察」這個部分，**客觀的意思，就是「不評判」、「不論**

**斷」、「不貼標籤」。換句話講，是不管你觀察到什麼，都不去判別它們的「好、壞、對、錯、是、非、善、惡」。**

除了文字說明，我也會附上錄音示範。要特別強調的是：一般人，對於觀照沒有基礎，一下子坐下來——不管是坐五分鐘、十分鐘、十五分鐘或二十分鐘，都會覺得：「天啊！簡直像是下了地獄一般，非常煎熬。」因此，今天帶你做的這幾段，不必從頭到尾一次全部做完。也就是說，你可以分成三個階段來操作看看。

當然，我也會告訴你該怎麼分段操作。

# 觀照＝無條件愛自己

在觀照的空間裡，有些東西出現了——譬如說，你們最喜歡用「雜念」這二個字，其實它不過是一個想法。為什麼，你會叫它雜念呢？因為，你認為它是你不想要的、它不該在這個時候出現，對吧？說得明白一點，這就是你排斥它，而不是客觀中立的觀察它。你，已經給它貼了一個標籤，評斷它是不好的、不對的、不要的、不適合的。也就是這樣，你才急著要把它趕跑。

我們不難想像，有很多人觀照、打坐、靜心坐不久的原因，主要就是因為——每分每秒都在「批評自己」。想法，會在每分每秒出現。這，是很正常的。只要是人腦，就一定會有想法。每當有想法出現，你就苛責自己是「不好的、不對的、不要的、不適合的」。你問問自己，誰能坐在那兒五分鐘，分分秒秒都在責怪自己呢？

另外一個我們坐不久、坐不下的原因是：有一些該原諒的人，我們還沒有原諒，或沒辦法原諒。**耶穌說：「進入殿堂之前，要先原諒。」**很多人以為，這裡的殿堂，指的是教堂、教會；其實，它指的是你的心。如果，我要能夠靜下心來，就必須先原諒該原諒的人。關於這一點，不用急，我們可以慢慢來。當然，你也可以多多聽本書所附的〈原諒大會引導〉錄音，讓Mophael帶著你走進原諒的殿堂，幫助你從靈魂深處原諒你該原諒的人囉！

觀照，客觀的觀察。我們等一下會告訴你，要觀察的是什麼東西。照呢，就是指「用光照亮」的意思。我們的心裡——甚至魂魄的某個地方，可能是黑暗的，於是，我用光把它照亮。請注意，我也不批評它——是黑暗、是不好的、是錯的、是不應該的。我不過是——用光照亮它，如此而已。從這裡，我們可以知道，**客觀觀察與用光照亮，其實是一個充滿愛的行為，而且更是我們培養「徹底愛自己」、「無條件接受自己」**跟**「無條件的愛」，非常、非常強效的基本功**。

各位常常在談愛自己，或者說，希望能夠打從心裡對自己展現慈悲心。那麼，觀照，其實是最棒、最棒的練習呢！

# 喚醒心中的療癒師

為什麼要觀照呢？

因為，**觀照可以幫助你，喚醒「心中的療癒師」**。觀照可以帶著你，回到成長過程中，發生的重大負面事件，讓你清楚的明白，為什麼你會養成某些負面的情緒習慣。比如說——遺棄情結、情緒剝奪，或是覺得自己沒人愛、覺得被控制等等。這些心理學上的專業名詞，你不用知道它們的定義。你，可以這樣理解：它們，是你過去——通常是在童年——所發生的事情，造成了一些傷害，於是，有了所謂的「內心受傷小孩」。這個傷害，深深存在你的潛意識當中，經常扯你後腿，影響你的感情、影響你的金錢、影響你的人際關係等等。

而這些情緒習慣，通常是我們在意識當中看不到、感覺不到的。正因為如此，如果你在追求自我療癒的過程中，一直都只從意識著手，而不朝潛意識、或是內心小孩的情緒習慣去探索的話，效果通常都很有限。因為，真正影響我們言行舉止的，有百分之

八、九十來自於我們的潛意識。關於這一點，李宜靜也在著作《愛與性的奇蹟課程》中不斷提到。當然，這也是為什麼我們要告訴你觀照的重要性，以及建議你開始觀照的主要原因。來，整理一下：它，可以把你帶回潛意識裡，面對你選擇遺忘——甚至以為遺忘的、不存在的記憶，幫助你釋放掉深層的傷痛，更幫助你改掉這些不再需要的情緒習慣。

你的傷口得到了療癒，能量就會變得比較輕盈。自然而然的，你想要吸引豐盛、感情，或者是，美好的人際關係、夢想天命等等，就會變得輕而易舉、順流而下。

總而言之，觀照，就是幫助你自我療癒。

它，是以一個非常慈悲的、充分展現無條件的愛、十分溫和的方式引導你。正因為如此，你也可以說：「觀照，能夠幫助喚醒你心中的療癒師。」未來，經過一段歲月的練習與體會，你觀照的功夫會做得很好，甚至可以不再需要花錢，去找別人來幫助你，做所謂的自我療癒喔！

初期的時候，如果需要一個比較客觀的專業人士引導你、或是帶你找到問題癥結點的話，的確會產生相當大的作用。只不過，你不可能一輩子找別人幫你上課吧！你也不可能一生都依賴某位老師吧！倘若，你可以在接受引導的過程中，同時學會自己觀照，那麼，這個引導不但能幫助你，大致知道怎麼樣去探尋過去，又該往什麼方向自我療癒，也能讓你觀照的功夫變得更落實、更有神效。

我們的目標是：藉由自己觀照，就能找到非常多傷口的源頭，釋放傷痛情緒，得到自我療癒——甚至，還能更改潛意識裡的種種限制信念。正因為如此，觀照才能這麼棒、這麼神妙！最重要的是，因觀照而來的自我療癒，效果是比較持久的。因為，它處理的是比較深的、比較徹底的情緒。

# 觀照，是把力量放在自己手上

**最重要的是：觀照是把力量放在自己手上，而不是交出去給別人。**

我是一位諮商師、療癒師、光行者，協助療癒的對象不計其數。即便如此，都還是真心認為，不管你找的療癒專家是哪一派別，大部分的專家，都企圖「直接幫你處理」什麼什麼問題。這樣的協助，不是把工具給你，更不是把力量給你。

來，再強調一次！

觀照，為什麼這麼棒？

因為，它要你把力量放在自己手裡！

當你培養起觀照的功夫之後，是誰都拿不走的。真的，誰都拿不走！

我個人在協助人們進行「綜合深度療癒」的時候，都會把這個功夫教給我的客戶跟學生，主要的目的，就是直接把工具給他們——教他們釣魚，而不是直接釣魚給他們吃——這樣一來，他們就不用依賴我一輩子，既花錢、又花時間啊！

# 觀照的三個階段

首先，問一下大家，對觀照是不是有種刻板印象？是不是一聽到這兩個字，就本能的想：「天啊！是不是要我剃度出家？神明啊！是要我每天敲木魚、念珠誦經嗎？」

其實，這都是對於觀照、打坐，甚至靜心的一些誤解。

接下來，我就來帶大家做一個簡單、基礎的練習。

## 1. 數息法，好簡單

要是你過去沒有靜心的習慣，也沒有打坐、靜心的基礎，沒關係！還是建議你，我們都來做觀照的基礎功，也就是所謂的「數息法」。

數息法，是什麼意思呢？就是「數呼吸」的意思。

數，數數兒的數；息，就是氣息、呼吸的意思。

數息法，就是請你坐下來幾分鐘，把焦點放在數呼吸上面。

為什麼要這樣做呢？主要是讓你有一個焦點，把注意力集中在這上面的意思。當然，如果可以這樣來數呼吸，你的呼吸就變成是慢呼吸、長呼吸，對於保持身體健康還有釋放壓力，都有非常大的幫助。很多人在做數息法的時候，都會發現內心變得非常寧靜祥和，一些負面情緒自然就消失了。

在數息的時候，雖然有一個焦點，但是你「一定會有其他的想法」出現——就是你過去所認為的：「雜念」、「打妄想」、「胡思亂想」、「神遊太虛」。

這，也就是千古以來，人們對觀照的最大誤解：認為打坐、觀照就是完全放空，有想法出現，是絕對不可以的。坦白說，你會有想法，是很正常的！因為，你是人，有個人腦，就一定會有想法。古今中外，全世界沒有多少人可以真的完全放空，若真能做到，也就不再是普通人了，而是所謂的「揚昇大師」，根本就不用再回來地球輪迴了啊！誰是揚昇大師呢？像是觀音啦、耶穌啦。你不是，我也不是。所以啊！幹嘛用揚昇大師的標準，來無理、無情的要求自己呢？

誠心建議你，就從此時此刻開始，不要再用「雜念」等負面字眼來稱呼你的想法——即便那個想法，可能不是你當下的焦點，也不要用雜念來為它貼上「是、非、好、壞、善、惡、對、錯」等標籤。

那麼，我們該怎麼辦呢？

再簡單也不過了，請你只要注意到——喔！我現在有一個想法了。而因為現在主要的焦點，是在呼吸上面，所以，就把焦點收回來，放在呼吸上面。如此而已，好嗎？再苦口囉唆一次，請你不要認為你的想法是十惡不赦的大敵，認為它是胡思亂想、天理不容的雜念。相反的，請你好好的接受它。你只要意識到：「喔！我出現了一個想法，只要把焦點收回來，放在呼吸上面就好了。」

很多人不知道，這個動作，其實就是無條件接受自己所有的想法，也就是為什麼我總是跟我的客戶說：「**數息法，是無條件的愛以及愛自己非常、非常棒的基礎**。」你如果可以做到，有想法出現的時候，只是淡淡的「喔」一聲，注意到自己有想法，可是不批判它，也不排斥它，就連標籤你都不貼！這，就是對自己展現無條件的愛，更是「愛自己」非常、非常有效，也極為確實的日常練習。

等一下，我們會讓各位先做五分鐘的數息。建議你，如果自己要在家做，你可以試著不聽我的引導去做，如果，你要聽引導當然也是可以。也許，不聽引導，一般人剛開始要練習觀照，都會覺得：「天哪！五分鐘很久！」所以，一坐下來就開始覺得：欸，現在到底是過了多久，覺得好像已經過了一分鐘，眼睛張開來一看——要死了，才過十秒而已。再不然，就是以為大概已經過了三分鐘，眼睛張開一瞧——天殺的，才過三十秒而已。

這，因為沒有辦法安靜下來的關係。

**貼心建議——鬧鐘，救你一命**

強烈建議你，如果你自己要做數息法或是觀照的話——譬如說，你打算先從五分鐘開始。那麼，你就事先用手機或鬧鐘，設定好鬧鈴功能。換句話說，就是五分鐘之後叫你。這樣一來，你就不用擔心時間到了沒、時間過了多久的問題。一坐下來，就可以專心的數息或是觀照，等鬧鐘響起，你就知道：「ＯＫ，現在五分鐘到了。」這，是一個小小的、卻很「救命」的技巧呢！

在〈輕鬆學觀照之數息法〉的ＭＰ３錄音中我會幫你計時，告訴你時間到，同時也會放一點音樂，幫助你放鬆，讓你跟著引導錄音一起來做囉！我在錄音中所放的音樂，是能量振動頻率非常高的音樂，所以可以幫助你更容易進入狀況。要是未來，自己在做數息法之際，你不想要聽音樂，是可絕對可以的。我甚至要強力的建議你：最好不要聽音樂！

現在，請你放下書本，聆聽〈輕鬆學觀照之數息法〉的引導錄音，同時跟著練習囉！

## 2. 觀照負面情緒

好，第二個階段，我們來觀察「情緒」——尤其是「負面情緒」。

也就是說，當生活中發生了一些負面的事件，對你造成了一些衝擊、影響，讓你有負面情緒出現，這個時候，怎麼辦呢？我想，此時此刻，你們應該知道了，有負面情緒的時候，應該要幹嘛？沒錯，應該要先——對自己展現同理心。因為，你**不對自己展現同理心的話，是不可能做出理性的改變的**。

所以，負面情緒出現，你可能想要用手指神功、可能想要接受它、可能想去感受它、也可能想要坐下來觀照。然而，如果當下沒有對自己展現同理心，立刻要勉強自己去做那些事情的話——其實有些人也可以啦——只是，先對自己展現同理心之後，再來做這些事情，效果會比較好。

我在前面提過，對自己展現同理心，也是一個無條件接受自己，以及表現無條件的愛非常棒、非常重要的方法跟工具。因此，再一次提醒你：如果說負面情緒開始出現了，最好先對自己展現同理心，再開始觀照，才是比較有效率的——如果你的「時間」和「客觀環境」允許的話。

所謂「時間和客觀環境允許」，我來舉例子解釋一下。

譬如說，此刻你正在上班、上課，總會有客戶、同事、老師、同學找你幹嘛幹嘛，你不管三七二十一，當下就一股腦兒開始觀照了起來……這樣子，很怪，對吧？這個狀況，就是時間上不允許。所謂環境允許，就是你可能人在家裡，有一個適合的、安靜的空間，可以讓你坐下來觀照，那麼，你理所當然就可以來觀照囉！

如果，時間、地點、空間不允許怎麼辦呢？很簡單啊！就用手指神功囉！

請各位記得：使用不同的工具來處理負面情緒，會產生不同的效果；而運用不同的工具，也得考慮不同的時間、空間。找到了最適合自己的組合，就能創造出最佳的療癒效果。有鑑於此，本書最後的附錄，提供了七個實用的「自我療癒的處方箋」，讓大家在不同的客觀條件中，能夠「亂中有序」，找到療癒的方向。

接下來這個階段，我們觀照的重心——也就是焦點——先設定成「負面情緒」。

還是一樣，在對自己展現同理心之後，你就可以坐下來調整呼吸。

記得，你可以先數息幾次——數個三次、五次，甚至到達一分鐘左右。

關於數息——我想，你剛剛應該注意到了，會讓你變得比較平靜、比較寧靜、比較祥和。這個步驟，也就是讓你的ego開始安穩下來。因此，你會得到平靜的感受。

在觀照負面情緒的空間裡，有的時候，你會因為情緒太過強烈，覺得自己好像無法招架、無法承受，怎麼辦？很簡單，回到你的呼吸。**請記得回來，觀察你的吸氣及吐氣**。當然，你若是想要用數息法，也是很棒的囉！

請記得這個概念：**「數息法」或「觀照呼吸」，其實是負面情緒的避風港**。

有的時候，你覺得情緒太過強大，無法承受，可以試著稍微勉強自己坐著，不要立刻就——「咚！」一聲，跳起來，「逃出」觀照的空間。

另外，還有一個很普遍的可能性——一般剛開始嚐到觀照甜頭的人，都會經驗到一個美好的階段，我個人戲稱它為「觀照的蜜月期」。在這個時期，你大多可以觀察到負面情緒，也能客觀的看著它們一會兒，心態從「以前很害怕它」，轉變成「好像沒那麼可怕」。最棒的是，你會發現：怎麼我才觀察它沒多久，它就消失了，或者就減弱了！

許多人一到了這裡，就覺得：「我讓負面情緒消失的目標達成了！」於是，就又「咚！」一聲，開心的跳出觀照的空間。

強烈建議你，暫時先不要這樣做！因為，觀照負面情緒的長遠目標，是要幫助你回到過去，找到問題的根源，再自然釋放出負面情緒。自己找出情緒的習性，假以時日，就能夠有效做出理性的改變！

正因為如此，我們才會說：「**觀照，是喚醒你心中療癒師超讚的工具！**」

好的，也許你已經開始納悶：負面情緒，該怎麼觀照呢？很簡單！剛才說了，先坐下來，調整呼吸，再一次讓自己感覺到寧靜、祥和、安全的能量。接著，叫出剛才坐下來之前，所感受到的那個負面情緒，然後，客觀的觀察它。

你可以想像一下這個畫面：

> 負面情緒，像在一條河流裡頭游泳，而這條河流，就是你的「思想之河」。
>
> 而你，是一顆溫暖的太陽，高高掛在天空裡，慈愛溫柔的照著底下在河裡游泳的負面情緒。

在這條河流裡頭，可能會出現三個元素——想法、情緒、甚至身體反應。所謂身體反應，就譬如說：有些人焦慮的時候，胃會痛；有些人生氣的時候，心跳會加速。一般來說，情緒上來的時候，我們都會有身體反應！

換種角度來詮釋：在你的思想之河當中，可能出現想法、情緒、身體反應。它們，都是你在觀照的空間裡，要去客觀觀察的重點。

請注意，觀照的時候，常常可以聽到環境的噪音。譬如說，你家狗突然放了一個響屁，或者，有救護車呼嘯而過的警鈴聲。這些，都不是你觀察的重點。所以，聽到環境的聲音時，就把注意力收回來，看你當下要去觀察的是什麼。

出現的負面情緒，可能會牽動另外一個情緒。這個情緒消失了、離開了、減弱了之後，可能會突然跑出來一個想法，或者是勾動身體的反應。因此，整個過程，你其實都是在觀察情緒、想法、身體反應。當然，不時飄進你們家狗的放屁聲，或是你阿嬤上廁所沖馬桶的聲音，都可能會有，重點是，你如何處理它？

開始觀察情緒，一般人都會覺得，我開始跟它坐下來面對面、觀察它了，我不批判它、我接受它，它很快就會消失或是減弱。這個時候，我剛講了，請不要急著跳起來，你再耐心等等，看什麼東西進入你的意識裡，吸引你的注意力。比如說，「啪！」一下跳進來的，是另外一個情緒，那麼，你就再一次客觀的觀察它。

你用什麼或什麼樣的角度來觀察呢？就是你的意識——或者，有的人喜歡講你的靈魂、你的大我。你可以把你的意識想像成一顆太陽，太陽很溫暖的照著河流裡頭所有的元素。

有的時候，你會跟著負面情緒跑，也就是說，你跳進了那條河流，跟你的情緒一起游泳，認同了那個情緒。記得嗎？那條河流，就是你在觀察的東西。認同了情緒是什麼意思呢？比方說，觀察悲傷的時候，你就開始覺得：「喔！好悲傷、好悽慘！」你就是跟著情緒跑，跳下去游泳了！

沒關係！請你不要覺得：「不可以！我正在觀照，不可以這樣做！」請不要急著排斥它，又情不自禁為它貼標籤。你只要意識到：「喔！我開始跟著悲傷了，或是開始跟著生氣了！」你，只需要「注意到」這件事情就好了。

緊接著，立刻再把角度調高，回到太陽的視野，客觀的觀察你那份悲傷，或者是那股憤怒。

這個，就叫做觀察你的負面情緒。因此，你有可能反反覆覆，一直在做這樣的事情。

另外，還有一種可能性：也許你正在觀察悲傷，而悲傷的情緒，突然牽動了一個想法。關於這個想法——相信我，表面上看起來，可能跟你正在觀察的悲傷沒有關係，但其實這兩者之間是有關聯性的。但是，你也不用去猜想、或分析它們的關聯性是什麼。你，只要靜靜觀察這個想法就好了！還是一樣的，你不要排斥它、或為它貼標籤，急著趕跑它囉！

有的時候，一個想法出現，你也不小心被那個想法拉走了，怎麼辦呢？一樣，很簡單。你一旦跟著那個想法走，就是你跳進河流裡頭，跟那個想法一起游泳了，對不對？你只要記得提醒自己：「喔！我開始跟著那個想法走了。」這樣就可以了。然後，你從河流裡出來，回到太陽的視野，客觀而溫暖的看著那一連串想法。

處理身體反應，也是一樣的！譬如說，某個想法離開了，突然進來的，是一陣心悸或心跳加速，你就繼續觀察下去。結果，你開始去感受到你的心跳，跟著跑了一會兒。沒關係的！還是一樣，只要再回到太陽，再繼續溫暖而慈愛的照著心跳，也就是——客觀觀察你的身體反應——如此而已。

整個觀照——不管是觀照情緒也好，或是接下來要談的觀照想法也好——都是反反覆覆一直在做這些事情。總之，你有想法出現、情緒出現、身體反應，都是很正常的。處理它們的方式，也都一樣簡單！

再強調一次，因為真的太重要！很多人對於觀照、打坐有很深的誤解。他們自以為：「OK！你要放空，什麼都不可以出現！」事實上，全世界只有一種人可以做得到，這種人叫做什麼呢？揚昇大師！祂們之所以是大師，就是可以控制思想，可以完全放空。只不過，祂們是不需要再修行，也不需要再輪迴的！所以，才叫做揚昇大師。我們都是平凡但可愛的人類，會有想法、情緒，或是跟著它們一起跑，是很正常的！千萬不要用揚昇大師的標準來要求自己，把自己折磨得很辛苦。一有想法出現，就說：「不行！這是雜念！」一有情緒出現，又想：「不行！這是幻象！」難怪這些人坐不久，難怪他們無法藉由這個工具，來培養接受自己、無條件的愛自己的功夫。總而言之，出現這些元素，都是很正常的，問題是，你如何處理而已。整個觀照的過程，就是反覆在處理這些相同的元素。

## 貼心提醒——別做私家偵探

要提醒各位的是：當你在觀照自己——不管是情緒、想法，或是身體反應——的時候，雖然，我們知道這麼做的主要目的，是把我們帶回過去，找到問題根源，釋放一些傷痛。可是，請你不要像私家偵探一樣分析、推論。譬如說，跳進來一個情緒，你就在心裡想：「這個情緒爲什麼出現？它是要告訴我什麼？要帶我回到幾歲？是跟誰有關？」

千萬記得，在觀照的時候，請不要做這樣的分析跟思考！你只是客觀的觀察它而已。你越能夠客觀的觀察它，反而越能夠達到觀照的目的，也就是說——喚醒你心中的療癒師，然後，找到問題的根源，幫助你釋放，或是幫助你得到深層的自我療癒。事實是，你越用理性的左腦或ego分析，反而越不容易回到該回去的地方。這一點，是非常微妙的。你越能夠掌握到客觀觀察的原則，就越容易被帶回你的過去；你越想要分析、控制、主導，反而越容易緊縮，深層的傷痛就怎麼也浮不上檯面！

## 觀照負面情緒法

這個觀察情緒，我希望你可以做久一點。音樂的時間大約是十五分鐘左右。

一樣，開始請你雙腳著地、雙手攤開放在你的大腿上，

我會把音樂聲打開，然後，一樣，身體挺直，之後再放輕鬆，

把你的腰部跟肩膀、脖子都放輕鬆。

好，開始先調整一下呼吸，你自己吸氣跟吐氣。

一開始，可以先做清洗能量式的呼吸法，

就鼻子吸氣，想像從天空吸氣，吐氣就一聲──吐大氣，哈──吐出來，做個三回、五回。

然後，等你覺得安心了、安靜了，就看一下，你是為了什麼情緒而坐下來，

開始把焦點放在那個情緒上面。

記得，像個小孩子一樣，進入一個新的環境跟空間，

好奇心打開，不要期待你會看到、聽到、感覺到什麼，就只是把好奇心打開，

看什麼東西進來你的注意力，你就去觀察它。

把你的意識完全打開，不期待、不評斷，客觀的觀察。

好，現在呼吸調整完之後，來——開始觀照你的情緒，
記得，你只是觀察它，客觀的像一顆太陽，照著它在河流裡頭游泳。
假設，不小心跟著情緒跑、跟著游泳也無所謂，
回到太陽的角度，繼續看著它而已。
如果，它消失了、減緩了，看什麼東西再飄進你的意識，吸引你的注意力，
可能是個想法、可能是另外一個情緒、可能是身體反應、可能是噪音。
好，來——繼續觀察，從情緒開始，我會留十五分鐘的時間。

好的，現在你可以拿出本書所附的〈觀照負面情緒法〉MP3錄音，跟著Mophael的引導，去觀照你的負面情緒。

## 3. 觀照你的想法

好，最後一個階段，我們就不再特別示範，你可以自行操作看看。進階到這個部分，就是觀照的第三部曲——也就是觀察你的想法。其實，前面在談觀照情緒時，已經提過觀察想法，你也大致知道，該如何操作了，對吧？

不同的是，這一次，你有可能在坐下的那一刻，已經沒有什麼特別的情緒。然而，你可以在平日養成一個習慣，觀察你的想法。你主要觀察的目標是：出現在你思想之河裡的種種想法。

如何操作呢？

還是一樣，雖然你坐下觀察的是想法，但是到了最後，有可能情緒、身體反應或是噪音——放屁聲、貓叫聲、或是炒菜聲、沖馬桶的聲音——都有可能出現。當然，處理的方式，就跟前面的階段是一模一樣的。

在這裡，要特別提醒你的是：

**你，不用相信你所有的想法**——這，可是個救命的重要提醒呢！

你的想法，大部分是來自你的ego，有人喜歡稱它為「小我」的想法。有時，固定的想法會不斷湧現，它，就是所謂的「思考的模式」——也就是我們所講的「信念」。

**一直不斷出現的想法或信念，就是你需要觀察的重點**。

它們，很有可能源自於一個傷口，或是，來自於過去的一種情緒習慣。

如果，你可以藉由這個方式，來觀察自己的想法的話，那麼，你甚至會找到自己需要更改的老舊信念，放下該釋放的傷痛情緒。只要你將意識之光，照向那個地方——甚至，只不過發現自己有這樣的信念，或是過去有這樣的傷口——然後，再感受一會兒當下的情緒，就只要這麼做，就能夠得到自我的療癒。

更棒的是，你還會在釋放的過程中發現：「喔！原來我有這樣的習慣。因為童年的時候，發生了那樣的事情，所以形成這樣的習慣。」也因為有這個發現，你才知道自己要改變什麼，以及可以如何更改！

接下來，我要再度強調一次！

我知道，本書在幾個不同的地方，都提過這個概念。因為，它實在是太重要了！我真的不希望你花了冤枉錢、走了冤枉路，得到一時的緩解，根本問題卻還是在，所以才會多說幾次！

很多人選擇靈療的工具，都是讓別人幫他做些什麼。這些靈性人士會跟他們說：「我可以幫助你調整能量，幫助你平衡和誰誰誰的業力，幫助你消災解厄、改變命運！」這些方法，也許一時有效，但是，並沒有引導你去改變過去的習慣，更沒有引導你去認識自己，因此，到頭來你願意改變了，卻不知道該如何改變。

正因為如此，我才會大力推薦觀照，說它是一個很棒的療癒工具。它，是把力量拿回來自己手上，而不是將力量送到別人手裡！因為，只要你願意，就可以藉由觀照來瞭解自己，同時知道自己要改變的是什麼。那麼，你的改變才有方向、才有效率，也才有久遠的效果。

最後提醒你，觀照雖然是一個很棒、很徹底、很深的療癒功夫，但是，你在自我療癒的過程裡，一定會碰到瓶頸。萬一碰到瓶頸的時候，你什麼都不想做、不想觀照、就是很排斥，怎麼辦呢？很簡單，就完全接受它，什麼都不要做。如果不想觀照，那就不要觀照，千萬不要勉強自己！

觀照，需要一點時間練習，

你越練習，效果就越顯著。

觀照，除了自我療癒之外，也會啟動你內在的智慧，

帶著你回歸本來的樣子——愛和光，

就像天使一樣！

# 重點複習

## ☑ 觀照＝無條件愛自己

觀照，是指客觀的觀察的意思。對所有的觀察的東西，都「不評判」、「不論斷」、「不貼標籤」。**換句話講，不管你觀察到什麼，都不判別它們「好、壞、對、錯、是、非、善、惡」**。觀照，是訓練「無條件愛自己」最好、最踏實的配方。

## ☑ 喚醒心中的療癒師

觀照，能夠幫我們喚醒「心中的療癒師」。帶著我們，回到內心小孩的過去，憶起發生的重大負面事件，讓我們清楚的明白，為什麼會養成某些負面的情緒習慣——遺棄情結、情緒剝奪，或是，覺得自己沒人愛、覺得被控制，進而找到療癒內心小孩和持續改變的方法。

## ☑觀照，是把力量放在自己手上

1. 大部分的療癒專業，都「直接幫你處理」問題。像這樣的協助，不是把工具給你，更不是把力量給你。
2. 當你培養起觀照的功夫之後，是誰都拿不走的！
3. 直接把工具給讀者——教他們釣魚，而不是直接釣魚給他們吃。

## ☑觀照的三個階段

1. 數息法，好簡單：從坐五分鐘開始，以數呼吸為焦點，讓讀者體會到：觀照，可以很簡單愉快。
2. 觀照負面情緒：鼓勵和負面情緒正面交手，輕鬆釋放之餘，更找到問題根源。
3. 觀照你的想法：讓你知道「你可以不用相信你的想法」，進而找到修改限制信念的智慧！

Formula 7

第七個配方

# 如何有效釋放憤怒

# 你，生氣的方式是什麼？

你生氣的方式，是發出來？悶起來？或假裝沒怒氣？

現今成年人的你，生氣的模式，和內心小孩的成長經驗，甚至——所受過的傷，有很大、很強的關聯。瞭解憤怒，看清自己生氣的模式，不但可以有效而徹底的釋放憤怒，更能帶著你，回到過去慈愛的擁抱內心小孩，自我療癒童年的傷口，也讓你不再是憤怒的奴隸。

# 生氣，就是不對的？

**生氣、憤怒，是一股能量十分強大的情緒**，一般人都對它戒慎恐懼。因此，就覺得處理起來困難萬分，彷彿怎麼都處理不完、處理不好。在這裡，我會告訴大家，可以用什麼樣的心態來看待憤怒、生氣。還有，生氣的背後，有什麼樣的真實情緒？要怎麼用比較健康的方式來抒發——或者，得到真正而徹底的釋放！

首先，我們先回來想一下，在童年的記憶裡，如果你生氣的話，家裡的反應是什麼？也就是——長輩的反應通常是什麼？應該記得吧！在一般家庭裡，生氣的孩子所得到的反應大概都是：「不准生氣！」換句話來說，父母會用更強大的憤怒來壓制你。

還有另外一種經典的反應——「你如果生氣的話，就是壞小孩，你就不聽話、不乖。」咱們的文化中「乖」這個字，我個人覺得，其實對於小朋友來說，是一個很可怕的目標。幾乎所有的小孩，都有這樣的掙扎——都為了得到大人們誇讚我們乖、聽話。對小孩子來說——小孩都會在心底深處認為：「這，是愛的一種指標。」

在這種文化的包袱下，小孩就得表現很乖巧、很聽話。有些孩子，得不到大人口頭的嘉獎，甚至還會又鬧又哭呢！所以，圍繞在「乖」這個字之下，孩子在成長過程之中，就有非常多的憤怒——以及壓抑。

為什麼會說壓抑呢？壓抑，其實就是「不准表達」。

我們有憤怒不准表達出來，或是發了脾氣可能會被處置——被揍、被罵、或是被處罰等等。這，就是我們的文化中，父母親基本上用一個比較不鼓勵、也不支持憤怒的方式來教育或教養我們。

最後，生氣演變成我們控制不了的可怕情緒。因為，經年累月下來，有很多憤怒積壓在心裡頭。從小到大，又沒有人跟你講說：「你可以放心把你的憤怒表達出來。」是不是這樣？

這本書看到現在，你們應該已經發現了：**處理負面情緒——不管是要讓它離開、減弱啦、或是釋放，最好的方式，就是跟它正面交手**。也就是說，你得跟它並坐一會兒，勇敢的感受一下它，對不對？**沒有被充分感受的負面情緒，通常會積壓在身體裡，形成身體上的疾病，或者成為精神上的狀況及能量上的狀態**。

在現代社會裡，憤怒，又特別不被我們的社會所允許。其實，不管是在東方的亞洲，或西方的歐美，都是一樣的。為什麼？你們也應該可以想像，因為，憤怒的能量實在太強大了。人在憤怒時，說的話、做的事情都很激烈——可能就是所謂的「失去了理性」，對不對？

古今中外，我們聽過非常多的例子，有人在盛怒之下犯了滔天大罪、殺了人又放了火之類的事。也因為這樣，憤怒被貼上一個很壞的標籤——被認為是「不允許」、「不可以」、「可怕的」。

甚至，在伴侶之間，有一方表達情緒的方式，是會發脾氣；另外一方，雖不見得是生氣，聽起來是好好的講，但話語比較尖酸刻薄。有趣的是，通常受到指責的，都會是那個把脾氣發出來的人。

嚴格來說，這兩者情緒的表現，對於另外一方所造成的影響，並沒有什麼太大的差別，一樣都是讓對方覺得受到傷害。那麼，為什麼憤怒會被特別視為不對的呢？譬如說，我們常常會聽到這樣的評論：「你發脾氣，就是不對的！」不但如此，還有人會把它跟打架、打人畫上等號：「你打了人，就是不對的！」

但事實是，動怒、生氣時有可能根本沒有動到手，不過，因為那個能量太過強大了，所以，一般人提到它時，都不知道該怎麼處理；碰到它的那一瞬間，也不知道該如何處理！總之，就只覺得它很可怕。

如果，你可以用中性、中立的角度來看待憤怒，你就知道：憤怒，不過是一個能量。然而，因為它表現出來的方式是向外爆發的，爆炸力太過激烈，殺傷力也太過強大，一般人都避之惟恐不及。

所以啊！回想一下小的時候，只要你一生氣，不管是對或錯，是不是就接受到長輩很多的「不允許」？也許，他們是用高壓打擊的方式，像是——你如果生氣的話，就叫警察來抓你！也或者，他們用比較軟性禁止的方法，像是——你如果生氣的話，就不是媽媽的乖小孩。

在這裡，我要提醒各位的是：如果，**要健康的釋放情緒或抒發憤怒的話，首先，不要再用過去那個標籤來責備自己**。我很明白，各位應該有一個經驗，你生氣的時候，總覺得憤怒是無法忍受的，對不對？在那個當下，你根本沒有辦法控制，所以脾氣不得不發了出來！然而，事後你一定會指責自己：「啊！我怎麼生氣了?!」或是，不斷的鞭打自己：「我怎麼又生氣了？為什麼我會生氣？」再不然，就是讓童年的陰影死灰復燃，認為「生氣就是不對的」！

本來，你已經氣了一遍，傷了身、也傷了心。事發以後，卻還要再自我批判，拿起父母的鞭子，抽打自己受傷的心、受傷的身體。

有鑑於此，我首先要建議你，如果你忍不住發了脾氣，請先跟自己好好的講：「憤怒，是每個人類都會有的，也是一個很正常的情緒，所以，你要對自己展現同理心！」

之前跟各位提醒過不止一次，現在聽來都像是嘮叨了——**出現任何負面情緒的時候，都請你先對自己展現同理心！**因為，你在當下要立刻做出理智的改變——就是叫自己不要生氣、叫自己冷靜下來，通常都不會管用的。我也相信，你試過好幾十年了，都不管用吧？那麼，為什麼不趁這個機會，改變一下策略呢？

你應該看過電視劇吧！就是有人在吵架的時候，很激動的大吼大叫，好心人士來勸架，一邊拉著人一邊說：「啊！你不要生氣，你冷靜一點嘛！」或是，你可能從小在家庭裡看到父母、親戚這樣吵架，有人出來勸和：「啊，你不要再生氣了。」

請問你，印象當中，這個方式有效嗎？

我的感覺是沒有效的！

而且，我親眼看到的真實人生劇情裡，也都印證是沒有效的！

我可以大膽假設：它，根本就沒有用。

完全沒用！

因此，假設你不小心把怒氣發出來，傷了別人也傷了自己，沒關係，先冷靜下來，跟自己說：「你這樣是OK的，是正常的，我接受你，我愛你！」或者，你用另外一種說法說：「我知道你正在受苦，我可以瞭解你的心情，你可以放心的把你的情緒表達出來，我懂你。」

我很清楚，在那個當下，你們可能還是會受到過去被貼標籤的影響，你也許會在心裡頭犯嘀咕：「發了脾氣，明明就不對啊！」就好比說，你是媽媽在管教小孩一樣，怎麼還跟鬧脾氣的孩子說「你這樣是OK的、是正常的，我接受你，我愛你」呢？你應該要叫他不要生氣才對啊！這種思維，就是你過去的經驗，一直延續到現在的結果。

我們不妨**換一個角度來想：生氣，是人類一定有的正常情緒**！也就是說，我們可以試著幫憤怒、生氣鳴鼓伸冤，**請不要再用過去所接受那些標籤來貼它**。否則，你只會陷入一個萬劫不復之地——一直不斷責備自己、不停苛責自己。結果，你永遠都改不過來。明白了這道理之後，從今天起，不，從現在、此時此刻就開始，請在忍不住發了脾氣之後，第一時間跟自己對話：「沒關係，已經過去了！」然後，充滿同理心的、柔情密意的說：「這樣是OK的、正常的，我接受你，我愛你。」或是用另外一派說法：「你可以放心的把你的憤怒表達出來，我知道你正在受苦，我懂你的心情，我可以想像你的感覺。」

各位早已明白，你跟自己說這些話的時候，**越充滿慈悲、越充滿愛，就越能夠幫助怒氣得到釋放**。因此，**達賴喇嘛說過：「要做出理智、正向的改變之前，要先展現同理心。」**

這點，真的很重要，尤其是對憤怒來說。有趣的是，我們卻又常常忘記。一發了脾氣，我們真的會急著要求自己冷靜下來——也就是因循父母「生氣是不對的」信念，硬逼自己立刻做出理智的改變。

## 生悶氣vs發脾氣

憤怒，通常有兩種表現方式。

一個是生悶氣，這種人的怒氣會積在身體與心裡。通常，生悶氣會傷腸胃，所以，生悶氣的人，腸胃都不太好。在這裡，給各位一個建議：如果你是習慣生悶氣的人，腸胃也不好，平常就要多多保養胃經跟脾經。衷心建議這類朋友，可以每天做一個養生保健運動，那就是「推腹法」。

中國大陸有位知名醫家鄭幅中，筆名中里巴人，出版了一本養生書《求醫不如求己》。他在書裡面，就提到了「推腹法」。這個絕妙好方法，可以在Youtube上搜尋到，上面有他親自示範如何推腹的影片。

然而，我要強調的是，我個人的做法，跟這個影片教的很不一樣。

## 推腹法

1. 買一個電動按摩器，最好是直接插電的，不是使用電池啓動，因為電池的力道比較不夠。按摩器的大小，大約可以握在手掌心。
2. 早晨一早醒來，還沒下床之前，就用按摩器，從胸口以下，開始往下推。
3. 先從人體的中心線，從胸腔以下開始往下推——就是使用按摩器輕輕往下推，推到恥骨的上方。
4. 然後，再往上腹部的兩邊推，譬如說先右邊，都是往這個方向，胸腔以下開始往下到股肱那兒，沿著鼠蹊線往下按摩。
5. 再來，到了側腰這裡，也是由肋骨側面底部，延著側腰線，推到側臀的上方。
6. 右邊按摩完，再按左邊，最後再回到中線開始。
7. 就這樣，一直重複，按個十分鐘！

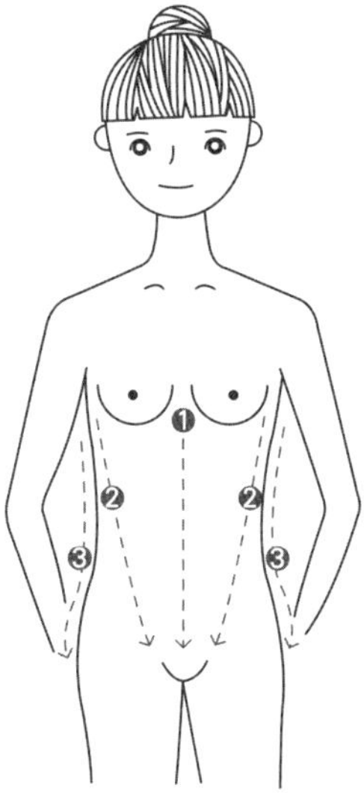

❶ 從胸腔下方推到恥骨

❷ 從側腹推到恥骨

❸ 從側腹推到臀部上方

中里巴人的說法是：「推腹法」一天只要推個兩、三分鐘到三、五分鐘即可。我個人因為有腸胃的問題，所以會按得久一點。晚上睡覺前，也會按一下。根據我建議客戶使用的經驗看來，這對於腹脹氣、消化不良，甚至女人的月經問題，都有很大的幫助。我有客戶因為做了推腹法的關係，月經變得開始比較順了，你們可以試試看囉！

回來談生悶氣的問題，如果一個人習慣生悶氣，這裡會有很多的氣鬱結，藉由推腹法，可以將氣往下推開、推順。那麼，積壓在身體裡頭的這些怒氣，就可以得到釋放，這是從身體著手。中里巴人建議的推腹法，則是用你雙手的手掌心來推，推的動線是一樣。你可以用你的手掌心來推，或是用你的掌根來推。如果，腹部推了不太舒服的話，可以稍微放輕一點。記得，不管是用按摩器或是用雙手來推，記得腹部要完全放輕鬆，千萬不要繃緊。我那些習慣生悶氣的客戶使用起來，都說效果奇佳！

另外一種憤怒表現的方法是，將怒氣爆發出來的類型。這種人，就容易傷肝。像肝火旺的人，就容易發脾氣。他們表現出來的方式，就是發火。肝火旺的人，脾氣發出來，其實是對他的身體是比較好的。請不要誤會，我們並不是鼓勵人們亂發脾氣。只是說，如果你是屬於肝火比較旺的人，平常習慣發脾氣，有氣發出來，其實是比較好的。不過，你也很明白，它不是最好的一種方式。

脾氣，是可以抒發出來，如果你把它發洩出來，發洩在自己身上，自己就會受傷害——身體、情緒都會受傷；發洩到別人身上，別人也會覺得受到傷害。也就是因為這樣，我才在這裡分享這些概念，好讓大家知道，可以如何用健康的方式來表達憤怒。

## 用健康的方式表達憤怒

什麼叫「用健康的方式表達憤怒」呢？這裡，我跟各位舉一個例子。

記得，我曾看過一篇談到憤怒的文章，內容提到：有位媽媽平常管教小孩的時候，習慣大發脾氣，她不知道該怎麼控制自己的憤怒。後來，她去找心理師，處理憤怒的問題，心理師引導她：「你可以用比較健康的方式，把憤怒當作一種力量，扭轉那個局面。」

以前，她對小孩發出她的脾氣。經過一段時間的練習，每當她一意識到自己在生氣，就先深呼吸，不讓自己被怒氣控制。然後，她試著將憤怒轉成一種正向的工具。她很清楚的對孩子說：「如果，你的行為是怎樣怎樣、不改善的話，你就會得到什麼樣什麼樣的結果！」

這種能量，其實是一種憤怒，只不過，她並沒有發出來，而是用比較健康的方式表達。因此，對她來講，憤怒其實可以是一種武器。如此一來，小孩子就會清楚，母親是用一種非常嚴肅的方式在溝通，並在沒有人受傷的情況下，修正了孩子的行為。這，跟我們的文化中，以「你要是不乖，我就要生氣囉」這種憤怒來要脅孩子是不同的。以快要發火來要脅小孩，不是最好的處理方式，反而，只會造成孩子無限的恐懼。相反的，那位媽媽只是讓孩子知道事情的嚴重性，以及她是如何看重那件事情的結果，這是很有建設性的能量表現。

如此一來，怒氣並沒有像亂槍打鳥一樣散發出來，反而變成一種建設性的能量。那個孩子意識到了，就會採取合作的方式。這種結果，就不會變成母親大發雷霆之後，小孩雖然修正了行為，母親卻傷害了自己、也傷害孩子，孩子長大以後，還得找人協助自我療癒，釋放深層恐懼以及巨大憤怒。

以上的例子也告訴我們，平常養成習慣，適當的表達憤怒，假以時日，你就能用比較成熟的方式，來跟它和平相處的！

# 從身體著手，釋放怒氣

我們知道，怒氣爆發出來的人，容易上肝火，反過來也可以說得通。我們來看看，可以怎麼從身體著手，幫助釋放怒氣。我們的腳背上，有一個穴位，叫「太衝穴」。它，在腳背上的哪裡？該如何找呢？

先找到大腳趾和第二根腳趾頭中間的根部——這裡在中醫上叫「赤白肉」，赤就紅色的意思，赤白肉交接處。

沿著這兩根腳趾間的這條中線往上拉，大概像你腳趾一樣的長度。也就是第一、第二隻腳趾腳骨的交接處——這裡，就是「太衝穴」。

找到穴位後，可以試著用大拇指尖，深深往下壓。如果你是習慣發脾氣的人，按下去通常都會滿痛的。另外，肝氣鬱結的人，按下去也都會很痛的。

建議你，如果你覺得自己快發脾氣了，意識到自己好像有火要上來了，可以立刻按一下太衝穴。先按右腳三分鐘，然後再按左腳三分鐘。按的時候，建議你把焦點集中在你的憤怒上，也就是說，讓自己去感受你的怒氣。接下來，再配合按太衝穴，你的怒氣就很快會消掉。就因為這樣，有人把這個穴位稱為「消氣穴」，或是「生氣穴」。

其實，沒有什麼生氣穴啦，不過就是太衝穴罷了！只因為它跟憤怒的能量有關。

除了快發脾氣時，按一下太衝穴以外，在學習管理憤怒情緒的過程中，不小心發了脾氣，也可以好好的按一下太衝穴。但是，請千萬記得，先對自己展現同理心，再用大拇指去壓一下你的太衝穴。因為，你發完脾氣之後，還會有一些能量留在心裡，會傷你的身體——譬如說，你的心火也會旺。因此，建議你按太衝穴，一下就可以消掉怒氣，對於身體健康、對於情緒來說，都有很大的幫助。

現在，我們從經絡的角度再看下去，對於生悶氣的人來講，胃經很容易出現問題。這些人，可以按一個胃經上的穴位——足三里。它，是一個養生非常重要的大穴位，古人有一句話說：「每日艾灸足三里，勝過吃一隻老母雞。」老母雞對古人來說，是很補的食物，因此，平常多按足三里，就等於在補胃。

## 憤怒的背後有恐懼・恐懼的背後是傷口

接著，我們來談一下，憤怒的背後真正要注意的事情——

首先，請記得：**憤怒，背後的真實情緒是恐懼！**

**人類原始的情緒，基本上就只有兩種——一個是愛，一個是恐懼。它們，是一體的兩面。有愛的時候，就喜悅開心，也覺得很有安全感；沒有愛的時候，就會倍感恐懼，很沒有安全感。**很多人不知道，憤怒背後真正的情緒，其實是很原始的恐懼。那麼，為什麼這個恐懼會被憤怒蓋住？因為，我們不喜歡在別人面前展現出害怕的樣子，於是，就學會用憤怒來武裝自己，讓自己看起來像是有主導權的樣子，誰都不敢靠近。誰會想靠近大發雷霆的人呢？

因此，當你怒氣沖天的時候，真正要面對及處理的，不是憤怒，而是恐懼。至於，**憤怒之後的恐懼，來自於什麼呢**？我們幫你整理出來四大層面——

第一，**恐懼被拒絕，恐懼不被愛**。這個，不難理解，是吧？

第二，**害怕失去控制**。我們人類眼睛看不到未來，很本能的想抓住什麼，希望現狀最好不要改變，更希望我們可以控制它。一旦無法控制，我們就會覺得非常不安！

第三，**害怕有危險——身心靈的危險都算在內**。譬如說，女孩子晚上走暗路會怕碰到壞人，這個就是一種身體上的危險。

第四，**害怕被視為是不重要或沒出息的——就是怕自己不夠好、得不到認同**的意思。

我們在前面提過，我們ego的習性，使我們不太喜歡在別人面前表現出自己的害怕，那會讓我們覺得自己像一個弱者，很沒有用、很沒有出息。正因如此，我們就用憤怒把自己武裝起來。有些人，甚至會覺得：「我一生氣，主控權就像在我的手裡，我好像有某種可以控制的力量。」

以療癒的角度來看，憤怒一出現，你就去處理它，大部分的時候，你會處理不到核心，處理的永遠都是表面問題。也就是說，你可能會永遠處理不完。這也就是為什麼，我要告訴你表面問題的處理方式，更要跟你分享深入的處理方式。因為，兩者都很重要。

真心建議你，下一次發現自己在生氣的時候，或是快要生氣的時候，先立刻展現同理心。唯有如此，你才能做出理智的改變。再多強調一次，不要立刻就強迫自己轉換負面情緒，或是瞬間轉換負面念頭。你知道的，那通常不太可能成功。

在這裡，你不妨回想一下，展現同理心的方式有哪些？你可以對自己說說四句箴言，那麼，你很快就會發現，心情會平和許多。原因是，當你真心誠意說了這些話，就是對自己展現了同理心。

我補充一點：**對自己展現同理心，就是給小時候的自己沒得到的——被傾聽、被在乎、被理解的愛**。所以啊！當你對自己展現同理心時，是在跟你的內心小孩說：「你可以放心的把情緒表達出來，即便你是生氣，我還是一樣愛你。我用行動來證明，我對你無條件的愛。雖然，你生氣的表現，不是我樂於見到的；可是，我願意陪著你，把它抒發出來。你可以安全、安心的把它表達出來。」

如此一來，你內心那位小朋友就會覺得：「喔！**原來表達憤怒是ＯＫ的**、**是正常的**。」他就不再壓抑情緒，也不至於形成更大的傷口。未來，他以憤怒表達內心的不滿或表達渴望得到愛的機率，反而會減少。因為，他知道自己是被無條件的愛著，就算不小心生氣，你都一樣愛他、守著他，絕對不會因此拋下他。

基於這個原理，當你不小心生氣、快要生氣或是已經生完氣的時候，請務必先對自己展現同理心。那麼，你很快會感覺到，憤怒漸漸緩和下來。然後，再深入的去看一下。深入看什麼？看你的生氣背後，有什麼樣的恐懼——

你平和下來時，就立刻問自己以下這個問題：「我在怕什麼？」

我們剛說了，恐懼產生的四大層面：怕被拒絕、怕不被愛，怕失去控制，怕有身心靈上的危險，怕不被認同、或是被視為沒出息、不重要，對不對？

舉個例子說明。假設，你媽媽唸你：「怎麼吃完飯碗筷都不洗，你再這樣下去，以後嫁不出去喔！」你聽了，立刻火冒三丈。在過去，你大概認為——媽媽這樣說，我當然會有情緒反應，一定會生氣的啊！現在你知道了，你的生氣，背後隱藏著一個恐懼。

來，我們一起來想想看。

以這個案例來講，「她」後來生氣了。她為什麼生氣？她在害怕什麼？有沒有可能，她害怕在媽媽的眼裡，她是不重要的、沒出息的？因為，媽媽唸她：你再這樣下去，就嫁不出去！就不是好女孩、不是好妻子。這，是不是不被認同？被視為很差、不重要、沒出息？當然，你也可以說，她可能害怕不被愛。因為，這樣子可能會失去母親的愛。

所以，她雖然用生氣來武裝自己，

但是，內心真正的感受是什麼？

害怕失去母親對她是好女孩，

或是乖女孩的那個評價，

或是那一份愛。

現在看到這邊，你是不是覺得：「對吼！我怎麼從來沒有想過呢？」

生氣後面，其實有一種恐懼。

很奇妙吧！

像這樣的案例，每個人在生活中，都遇到過，而且比例非常高。正因為如此，我才會特別抓出這個主題跟各位分享。如果，你像過去一樣，一直在處理生氣的話，你會處理不到核心——也就是愛的問題，是小時候沒有獲得你想得到的愛的問題。

好，接下來，再給各位一個很重要的概念：**恐懼的背後，有一個傷口**。

再回到剛才的案例——

如果你生氣，展現同理心，平和下來之後，問自己說：「我在怕什麼？」

以上述例子來說，這個女孩怕的是被視為「沒出息、不是好女孩、或不是好妻子」。

有沒有想過，她為什麼會害怕這些可能性？很簡單，這表示諸如此類的事情，以前一定傷害過她。在成長的過程中，她很清楚的經驗過，被貼上「不是好女孩、不夠乖、不夠好」的標籤，是一件極為痛苦的事情，是一件令人很傷心的事情。好的，現在我們用不同的方式來下個小結論：她之所以會害怕被視為不重要、沒出息、不夠好，是因為過去曾經有過這樣的傷口啊！

分析到這裡，你難道不覺得很有趣嗎？

這樣層層挖掘出更多的層次，像是剝洋蔥一般剝啊剝的，我們最後發現：「**生氣的背後，原來是一個傷口！**」這，大概是你過去想都沒想到的吧?!因此，我再用力強調一次，如果你認為生氣就只是生氣，一直不斷用工具來處理生氣的話，就永遠都處理不到核心——也就是愛——的問題。為什麼？因為**憤怒背後的恐懼其實是：害怕得不到愛**。為什麼恐懼得不到愛？因為曾經得不到愛、得不到認同，而覺得非常受傷。你一定明白「一朝被蛇咬，十年怕草繩」的道理吧！

弄清楚這個概念以後，我們再回到上述的例子。

那個女孩子成年人的時候，被媽媽叨唸：吃完飯不洗碗、不收碗筷，再這樣下去，以後會嫁不出去，或者，你以後不會是一個好妻子。這種叨唸，勾動了她兒時的一個傷口。什麼傷口呢？曾經發生了某件事，媽媽用過類似的語言責備過她：「你這樣不乖，你這樣不好，你這樣就不是一個好女孩，長大嫁不出去」之類的話。於是，傷口就這樣形成了。

當我們發現自己，有「怕不被認同，怕自己是不乖的、不好的」傷口，接下來，該如何是好呢？

# 誠實面對自己的傷痛

在這裡，我們給你幾個工具。

## 1. 紙上談兵

請坐下來回想一下。請從成年人，回溯到小時候，就你所能記得的事件，都把它寫下來。

舉剛才的例子，成年以後的女孩子吃完飯沒有收拾碗筷、沒有洗碗，被媽媽唸了，類似像這樣的事件，從成年人的角度開始回想。請回溯一下，除了上次洗碗的事件之外，在和媽媽互動之時，還有什麼類似的事件，讓你覺得你是一個不夠好或不乖的女人。請從成年人，回溯到小時候，把你記得所有的事情，全都寫下來。這，就叫「紙上談兵」。

書寫的時候，有幾個重點：

A. **首先，寫出發生的事件**。比如說，今年過年時候，我們吃完午飯之後，我就在那裡看電視，媽媽就跑來跟我講，你不洗碗筷以後嫁不出去，你這樣不是一個好女人。這個部分，先把整個事件大致描述一下。

B. **接著，重點是你當下的情緒和心情**。請照著以下的句型寫：「**這件事讓我覺得很——**」（譬如說，很生氣，或是很委屈、很悲傷等等，誠實的把這些情緒寫出來）。

C. 然後，為了瞭解憤怒背後，有什麼樣的恐懼。請你很誠實的寫出：「我很怕媽媽覺得我是個壞女孩，或是壞妻子。」

D. 等全部都寫完了之後，可以回過頭去，針對每個事件和情緒，利用手指神功去面對和釋放。

為什麼要全部寫出來呢？因為，這些情緒，一直積壓在你的心裡或身體裡，沒有機會釋放出來。你只要這樣把你的情緒全部寫下來，就可以得到相當程度的釋放呢！

當然，回顧到某些事件的時候，過去的憤怒或感傷，很有可能再度出現，讓你覺得很不好受。這個狀況，是很正常的，不用害怕或慌張。在回顧這些負面事件的時候，過去被積壓的情緒，會因為這樣子而浮上檯面來。然而，這時該怎麼辦才好呢？我的建議是，你全部都寫完了之後，利用手指神功去面對和釋放每個事件和情緒。請記得，在搭配手指神功之前，別忘了先對自己怎麼樣？是的！就是對自己先展現——同理心！

## 2. 需要裸體的傷痛釋放法

另外，再給各位兩種方法——這兩種方法，其實算是同一個原理，只不過，表現方式略有差異。

還是一樣的例子——發現自己有過被視為不重要、沒出息、不夠好、不被認同的傷口。以下的兩個方法，都必須要裸體。裸體，不是鼓勵你去天體營，而是對自己赤裸坦裎的意思——也就是對自己百分之百的誠實。

由於有很多人，無法安心或明確的表達出自己的負面情緒——不管是出於個性或是原生家庭的養成教育。尤其是憤怒的情緒，通常是最不被允許的。大多數人都是從小把情緒悶悶的壓抑在心裡，長大之後，有些人可能比較反叛，忍不住一股腦兒爆發出來，搞到家裡頭嚇得半死，頻頻搖頭又十分不解的說：「你現在怎麼會變成這個樣子，我不知道該拿你怎麼辦！」

更嚴重的是，長期壓抑憤怒的結果，有些人得了憂鬱症。也許，你會覺得奇怪，憤怒跟憂鬱有什麼關係呢？其實，如果你明白憂鬱症這個字的英文是depress，也就是壓抑的意思。壓抑什麼呢？是憤怒，而不是悲傷！總之，一個人的憤怒要是壓抑久了，會形成現代社會流行的文明病——憂鬱症。

這樣，我們就瞭解，一個人所以會憤怒，是因為恐懼不被愛、恐懼得不到愛。那麼，我來問問各位：一個小孩得不到愛的時候，他最直接的反應是什麼？對的！就是悲傷。因為他非常不喜歡這種悲傷的感覺，於是，他會害怕那種不被愛的悲傷再度回來。不難理解，悲傷就自然轉變成萬分害怕。探索到這裡，我們又發現了一個很妙的情緒真理——恐懼背後面，還有很深層、很原始的悲傷。弄懂了這一點，相信你更可以理解，為什麼一個人的憤怒壓抑到最後，會變成憂鬱症吧？

接下來，我要分享需要裸體的傷痛釋放法。請記得，這兩種方法，都建立在這個概念上——**憤怒的背後，是恐懼；恐懼之後，有個傷口。**

**第一個方法，比較簡單一點，去泡個澡。**

A. 先在浴缸內放好熱水。

B. 你可以加一點精油，薰衣草或檸檬精油，能幫你釋放負面能量的。此外，也可以加海鹽，海鹽能夠幫助我們釋放負面能量。事實上，喝溫的海鹽水，有一樣的功效。總之，海鹽是非常棒的！當然，你也可以用水晶——把白水晶放在浴缸當中，只是，要小心別踩到滑倒。

C. 然後，開始來泡個澡（泡澡總不會穿著衣服吧，所以，請你把衣服脫掉，因為你要赤裸誠實的面對自己的情緒）。

D. 你可以**請你的指導靈或是天使來幫忙**，告訴祂們：「我現在已經準備好，要面對被視為沒出息、不好、壞女孩的這個傷口，請祢們幫助我，釋放所有相關的記憶，以及負面情緒。」

E. 接著，泡進浴缸裡。建議你，泡澡的時候，請讓雙手自然垂下，放在大腿兩側，整個身體放鬆，你的頭可以躺下來、往後仰，眼睛輕輕閉起來。雙手抱在胸口，是有防衛的意思。

F. 再來，開始去感受一下，感受過去你曾經受傷的情緒。要有心理準備，那通常是很深沉、甚至很強大的悲傷。你想想嘛！小孩子被視為不乖、沒出息的話，一定覺得很悲傷、很痛苦。因此，你很有可能會痛哭流涕！總之，那個機率是滿高的！不過，不用害怕。憤怒也好、悲傷也好，都只是一股能量，你只要允許它出來，勇敢的去感受它，讓它釋放出來，它就會離開。

在過去，就是因為環境不允許我們把情緒表達出來——用健康的方式表達出來——也沒有人引導我們，所以，它們就長期積壓在心裡，有些事情總讓你越想越生氣，為什麼？因為氣悶在裡面嘛！所以，一旦這些憤怒得到了釋放，以後你就比較不容易生氣囉！

記得，泡澡時，雙手自然垂放的意義。這是要你允許自己，讓這些情緒從很深的地方——潛意識當中——釋放出來。這個時候，你可能會哭，甚至你有可能會嘔吐也不一定。然而，千萬不要害怕，因為這些憤怒隱藏在你身體當中很久、很久了，讓它浮現出來，你才能得到深層的釋放及療癒！因此，手放下來，允許自己讓憤怒出來吧！

懇切的提醒你：有可能做了一回，沒有什麼深刻的感受，那是因為你還沒有準備好，時機不對。請多試幾次，不要因為這樣就放棄了！

**第二個方法，也需要裸體，我叫它──「照妖鏡」。**

這個做法，一般人覺得比較難以執行，它比較可怕。為什麼？因為要你全身赤裸的站在鏡子前面，也就是說──你的兩眼要直直盯著自己赤裸的身體。一般人，不管身材有多好，都會對自己身上某些部位不滿意、不自在、甚至極度自卑！只要是人，都會這樣，就連超級名模也不例外。

也因為如此，要使用「照妖鏡」這個工具，就感覺特別困難！尤其是被社會大眾認為是身材有問題的朋友──譬如說，比較胖啦、比較瘦啦、胸部大小啦、肩膀寬窄啦等等，每個人不一定。總之，它是有點難度的！不過，我個人覺得，你可以盡量試試看，效果會跟泡澡一樣，只是一般人有障礙，覺得這個方法的難度比較高。

操作方法，如下──

A. 當你經過分析，發現自己的憤怒後面，有那樣的恐懼，而恐懼後面，又是因為某些傷口。你就全身脫光，不穿任何衣服，站在鏡子面前。

B. 直視著鏡中你的雙眼，告訴他說：「我知道你受過什麼什麼傷，你可以放心把所有的情緒都表達出來，我會在這裡陪你！（譬如說，你剛剛分析的是──我知道，你曾經被認為沒有出息的，或是你曾經很害怕你媽媽不愛你，媽媽曾經說你是個沒用的小女孩，長大嫁不出去。）」

**補充說明**

你在浴缸裡泡澡的時候，若要跟自己說以上這番話，可不可以？當然可以！只是你沒有鏡子而已。倘若，你要特別拿一面鏡子來看，也可以！只是在浴缸裡應該不會想吧！不管如何，你自己去變通一下，看你想要的方式是什麼，找到一個最適合自己的方式！

C. 在鏡子前，也請你記得雙手不要抱胸，因為，我們在防衛的時候會抱胸，防衛就是抗拒的意思。雙手垂下來，甚至可以抖動一下，放下你的防衛心，把手放下，就是不再阻擋的意思。

**請指導靈來幫忙**

你可以請指導靈來幫忙，很眞心誠意的對祂們說：「我準備好要面對這些深層的傷口了——這些我不被認同、不被愛的傷口，請廻們幫助我，釋放所有相關的情緒以及記憶。」

D. 接著，讓那些很深的悲傷跟憤怒都抒發出來。你可能會哭，也許你會想要尖叫，都讓它們出來。我們說過了，這些情緒積壓在你的身體和心裡，有好長一段時間了。允許它釋放出來，對你才是比較健康的。

這個練習，你可以不只做一次。有的時候，你才做第一次，可能會覺得難了一點，或是沒什麼特別的感覺——尤其是那種習慣壓抑情緒的人。因此，請多做幾次試試看，好嗎？

## 3.「內觀」或「內修」

我們曾經在上一章「觀照的三個階段」中，仔仔細細的教大家如何觀照，教大家往內心去觀察、去修習——從數息開始，接著觀察自己的情緒、觀察自己的想法。我個人認為，**所有人自我療癒、靈性成長走到最後，都一定會回到「內觀」，也就是——向內觀察自己**。不管現在、未來選擇什麼工具，繞去什麼地方，到了最後，你應該都會回來這個地方，也就是「內修」——**向內修行找力量，不再向外尋找神奇藥水**。

如果你此刻覺得你不想、不喜歡用這個方法的話，也無所謂，不用勉強自己。我只是把幾個不同層次、不同階段的操作方式都教給你，由你自行做決定。

還是一樣，也是當你發現生氣的背後有某種恐懼，而這個恐懼是因為你曾經受過傷，就可以選擇觀照——事實上，這是最棒、最有效率、效果最持續的一種工具。

儘管前面說過不止一次，我在這裡還是要**再提醒各位一次：當你發現自己出現憤怒的情緒，你要做的第一個動作**，不是立刻坐下來觀照，也不是使用其他任何工具，試圖讓憤怒消失、減弱、離開。你要做的是，**對自己展現同理心**！這個提醒，真的、真的很重要。

每當我藉由「綜合深度療癒」課程，協助客戶自我療癒及靈性成長之際，常常會問他們：「到了現在這個階段，負面情緒出現的時候，你都怎麼辦呢？」十之八九的客戶都會這樣回答：「喔！我就立刻做手指神功，或立刻坐下來觀照。」

我再進一步詢問：「那麼，有沒有碰到負面情緒太過猛烈，根本什麼都不想做的時候呢？」當下得到的，也大都是肯定的答覆。

「那麼，你都怎麼辦呢？」

「我就要自己想開一點！」或是「我就立刻想辦法轉念！」

「效果怎麼樣呢？」

這時出現的，不是一片靜默，就是幾聲尷尬的笑聲。

這些人，不約而同的，都在負面情緒來襲的緊要關頭，忘記一個極為重要原則——是我千叮嚀萬交待的不變真理——**要做出理智改變之前，得先對自己展現同理心**。由於忘記的人實在太多，我不得不發展出一個小方法——算是土法煉鋼的方法，來「督促」我的客戶。

我會跟他們講說：「你們很容易忘記，要對自己展現同理心，對不對？」

「真的！」「對吼！」「啊！老是忘記！」

「好，這樣吧！」我語氣一變，像是老師交待小朋友記下考試重點一樣：「去**找十張便利貼來，每一張上面，都寫出展現同理心的話語**。你可以寫四句箴言：『我知道你正在受苦，我可以理解你的想法，也可以體會你的心情，我懂你的。』一共寫個十張，然後，將這十張同理心的提醒，貼在你經常看到的地方——尤其是你容易發脾氣的地方。比如說，跟男朋友講電話吵了起來，喔！發火了。手機背面貼了一張，你一看到就可以提醒自己。也或許，在上班的地方，老闆可能會說一些五四三，容易引發你的憤怒，那麼，你就在電話旁邊貼一張，或是辦公室有隔板，貼在眼前也可以。再不然，你騎車、開車的時候，貼在自己能常常看到的地方——像機車安全帽置物箱、汽車擋風玻璃。用這樣的方式，經常提醒自己，因為，你真的很容易忘記！」

很好玩的是，我們都不吝嗇對別人展現同理心，要對自己這麼做，卻比登天還要難，因為實在很不習慣的關係。就是因為看得太多，自己也時而忘記，我才會用這土法煉鋼的方式來提醒你。請千萬千萬記得，坐下來觀照之前，務必先對自己展現同理心，才開始「內觀」、「內修」。當然，藉由裸體釋放憤怒、悲傷的練習也是一樣，**請先展現同理心了，才去分析——憤怒的背後有恐懼，恐懼的背後有傷口**。

好，回來繼續談內觀——

當你發現這邊有傷口了，也感受到情緒，坐下來，先調整一下呼吸，進入一個靜心的空間。等到你在心態上覺得安心、安全了，就開始觀照這個傷口。

這個傷口後面，有一個事件。而這個事件，引發你某種情緒。因此，你可以回想一下事件，讓它勾動你的負面情緒，浮上檯面。

提醒你，這裡的觀照，指的是客觀用光去照亮它、看著它、不批判它、也不隨之起舞——你不要跟著它，跳到河裡去游泳。記得嗎？太陽照著河流，隨著河流游泳的可能是你的想法、情緒跟身體反應。你唯一要做的，就是像客觀的太陽一樣，溫暖而慈愛的照著這幾種元素。

當然，你坐下來之後，那件事或那個情緒，很有可能會消失、減弱或離開。請不要立刻就跳出來，以為你的任務已經達成了。請繼續坐在那裡，看看還有什麼會進入你的意識，吸引你的注意力。

你的想法、情緒，可能會交錯出現。舉個例子，你因為媽媽過年期間叫你洗碗而坐下來，你感受到的情緒是悲傷。悲傷什麼呢？悲傷你不是個好的女人。這悲傷的情緒，可能在觀照不久之後就消失，然後，又出現另外一個記憶——可能是你男朋友跟你說：

「喂！你怎麼這樣懶，都不做家事啊！」於是，這又勾起你兒時的傷痛，自己很沒出息的想法又浮現，帶動你自卑的情緒。

觀照是不需要急的，它需要長時間的練習。每天固定練習五到十分鐘，久而久之，你觀照的功夫一定會進步。如果，你現在這個階段，覺得觀照可能不太適合你，沒有關係，這沒有好跟壞。時機對了，你自然會回來的！你持續自我療癒、靈性成長，到了某個階段，都還是回到內觀、內修的路上來。

建議你們，不要因為試過一、兩次的觀照，發現自己好像坐不住、坐不久，就索性放棄。我苦口婆心重複說這些話，是因為它是未來會幫助你最多、而且最有效率的方法。因此，建議你花一點時間，往內心看一下，往內在修一下。未來，你甚至不需要花很長的時間坐下來，只要焦點一往內收攝，負面情緒就會煙消雲散，悟出在肉身修行的美好智慧，幫助你找到人間天堂！

對於觀照，請勿等閒視之！觀照，真的是一個非常棒的工具——尤其在處理憤怒之際——發現它後面有恐懼，恐懼背後又有傷口的時候。我個人到現在，都還是不斷內觀、內修。

# 重點複習

☑ 生氣，就是不對的？

1. 沒有被充分感受的憤怒，通常會積壓在身體裡，形成身體上的疾病，或者成為精神上的狀況及能量上的狀態。
2. 用比較健康的方式抒發。
3. 如何得到真正而徹底的釋放！

☑ 生悶氣 VS 發脾氣

1. 生悶氣的人，怒氣會積在身體裡、心裡頭。生悶氣會傷腸胃，所以，生悶氣的人，腸胃都不太好。
2. 推腹法，順暢鬱結之氣。
3. 將怒氣爆發出來的人，容易傷肝。像肝火旺的人，就容易發脾氣。他們表現出來的方式，就是發火。

4. 按太衝穴，有助釋放憤怒。

## ☑憤怒背後有恐懼．恐懼背後是傷口

1. 憤怒後面，是很原始的恐懼。我們不喜歡在人前表露出很害怕的樣子，就用憤怒來武裝自己，讓自己看起來像是有主導權的樣子，誰都不敢靠近。

2. 恐懼什麼？

- 恐懼被拒絕、不被愛。
- 害怕失去控制。
- 害怕有危險——靈、心、身上的危險。
- 害怕被視為是不重要，或是沒出息——就是不夠好、得不到認同。

## ☑誠實面對自己的傷痛

1. 紙上談兵：從成年回溯到童年，記錄重大負面事件，以面對及釋放負面情緒。

2. 去泡個澡：放下手來，打開心來，讓傷痛情緒傾瀉而出。

3. 照妖鏡：和自己裸裎相見，讓深層的傷痛浮現，得到深層釋放。

4. 「內觀」或「內修」：藉由觀照負面情緒，得到釋放及隱藏的大智慧，喚醒心中的療癒師！

Formula 8

第八個配方

# 原諒大會——放下過去、放過自己

# 原諒，自我療癒的重要指標

原諒？我們爲什麼要原諒？

原諒，不就等於同意他人胡作非爲？

甚至——殺人放火？

聞名全球的媒體大亨**歐普拉表示，關於「原諒」，她最愛的定義是：「放棄過去，可能有所不同。」**

仔細深入一想，不難發現：我們之所以不願意或無法原諒，的確就是希望過去發生過的事，不曾發生過，或者是發生的方式，截然不同。比如說：我們希望，對方不曾那樣說過，或者不曾那麼做過！然而，事實是：**過去發生的事情，已然發生，任誰也無法更改，對吧？那麼，我們為什麼還要緊緊抓著過去，期盼事情能有所不同呢？這樣做，無疑是把自己困在過去和現在之間，動彈不得，更無法大步前進！**

所以啊——

**原諒，就是放下過去，放過自己！**

**原諒，不是讓別人好過，而是和自己和解！**

正因為如此，「原諒」在自我療癒上，不但是一個極為重要的指標，更是靈性成長加速的超強法寶。話雖如此，原諒，是不能、也沒必要勉強的！我們可以發心立願去原諒某些人，並使用各種工具嘗試著原諒；然而，若只能部分原諒，或根本無法原諒的時候，也請各位接受那樣的自己和那樣的進度！

千萬，不要勉強自己！更不要苛責自己！

# 原諒，先從內心小孩開始！

因為西方近代心理學理論，或是幾世紀以來的新時代資訊的推廣，我們對內心小孩的瞭解越來越廣，也越來越深。不知道各位有沒有聽說，或至少有過來人的經驗，那就是——小時候的我們不懂人情事故，不但渴求關注，更十分自我的以為全天下的事都跟我們有關，只要我們沒得到想得到的關懷和愛，就覺得是我們的錯、是我們的責任。

這個「責任往身上攬」的習慣，讓我們的潛意識裡，囤積了許多有如以下的信念：

爸爸會打媽媽，是因為我不乖。

媽媽會和爸爸吵架，是因為我成績很爛。

爸爸和媽媽之所以會離婚，是因為我不好好吃飯。

這些自以為是的信念之中，還有更離譜的延伸：

爸爸做生意失敗，欠了一屁股債，是因為我的眼睛不夠大。

哥哥之所以會離家出走，是因為我的屁股太大。

媽媽拋棄家庭，是因為我頭髮太多。

這些信念，深深藏在內心小孩的潛意識裡，動輒勾動我們的兒時傷痛，以極為負面的方式，阻礙我們創造想要的人生。

我就有不少客戶，童年時親眼目睹母親被父親毒打，或言語侮辱，為了保護母親，常常挺身而出，以言語或行動阻擋父親的惡行。有意思的是，在自我療癒的過程裡，他們常常說：「我好氣我媽不懂得保護自己，或是替她自己出頭。看到她這樣軟弱，也讓我在感情當中，很不能信任男人。」

在指導靈慈愛的引導之下，他們常被問及：「父親打罵母親的那些日子，你年紀還很小，真的阻擋得了母親不受打罵嗎？」

通常換來的，是一陣寂靜。

透過我為媒介，指導靈還會繼續問：「想幫媽媽，卻幫不了，你的心情如何？」

「我會覺得很自責，覺得自己很沒用！」

「現在，你提到母親當時沒有替自己出頭，還感到很憤怒激動，是嗎？」

「是啊！」

「有沒有可能，你對母親的指責，其實是對自己當初使不上力的自責？你不原諒母親當初的軟弱對你所造成的傷害，有沒有可能是你不願意原諒當時的自己？」

聽到這番提示，客戶終於茅塞頓開，自我療癒的電燈泡亮了。

由以上的案例，我們可以得知，要能療癒「不信任男人」的傷口，必須先療癒「我無法保護母親的罪惡感」，換句話說，在釋放掉了纏繞在原生家庭裡，父親對母親施暴記憶的負面情緒後，這些客戶們，一定要先原諒自己的內心小孩，告訴他們：「會發生這些事情，不是你的錯。」以此釋放他們自由，那麼，埋藏在潛意識深處的傷口，才能轉化成愛和光。

當然，要再進一步原諒母親，甚至父親，也會變得容易一些。

## 原諒，就是有效剪斷能量索

好多追求靈性成長的朋友，喜歡談業力，並且想盡辦法去消除業力，認為人與人之間的關係之所以不協調，都是因為業力的影響。觀念古老一點的，甚至還相信，因為業力的緣故，所以你傷我，是我欠你，因為我欠你，所以我只好忍辱負重的委屈自己。

於是，有些懂能量的人士，就提出了「剪能量索」的做法，宣稱只要剪斷了和某人能量上的連結，業力就可以消失或抵平，人際關係就會輕盈順暢。其實，**能量索的存在，是因為我們自己緊抓不放，這個強大的磁性之所以讓人苦惱，全是因為我們覺得不甘心，還不願意原諒的關係**。

所以，原諒別人，為的不是沽名釣譽，讓人覺得我們「以德報怨」，或「心胸寬大」。相反的，原諒別人，是為了讓我們放下心中的大石頭，抒發深深積壓在心底的那口怨氣。我親眼目睹好多案例，女性客戶原諒了母親之後，乳癌不藥而癒，腫瘤消失無蹤，複診時醫生還以為拿錯了病人的X光片。也聽說過，有人原諒之後，被欠的錢，如奇蹟般自動回來。當然，也有一般人很難做到的感情上的原諒，而一旦原諒前夫之後，桃花運就像活水般快速的流動起來。

這樣想起來，我們還有必要花錢請人剪能量索嗎？能量索真能靠外力的剪斷，而不再連結？不再糾葛？就算真的剪斷了，要是我們還抓著不放，不會再連起來嗎？答案，已經呼之欲出吧？

**原諒，就是剪斷能量索最有效的方法**。弄清楚了這點，我們也不難理解，為什麼原諒這麼重要，而且是靈性成長重要的指標了吧？

## 進入原諒大會靈性空間，有助原諒

好多人會在理智上說：「我願意原諒啊！」甚至，有人還信誓旦旦的拍著胸脯：「我早就原諒了！」然而，談及傷心往事或過往傷痛，他們還是涕淚縱橫、怒不可抑。這，顯然還沒原諒！如何判斷自己是否真的原諒了呢？檢驗的標準是什麼？很簡單，那就是——想到或說到那些傷痛時，是不是還有負面情緒，身體是不是還反映著不適？若是，就表示還沒真正、或完全原諒！若不是，恭喜你！就表示你已然雲淡風輕，而且原諒自己也原諒對方囉！

很多人在理智上、在想法上告訴自己我願意原諒，通常效果不彰。因為，那大多是ego變出來的花招，用以阻撓你「向內心的傷口探索」，或「和內心小孩的傷痛連結」。有鑑於此，我才會推薦「原諒大會」，**藉由我們自己靈魂力量的帶領，先協助你至少釋放部分相關情緒，再以靈性的力量來打開心輪，一步步達到真正而徹底的原諒！**

再強調一次，原諒，可能要花一段時間，也許要不斷嘗試，請你**接受自己所有的進**

**度，不要太過嚴厲的要求自己**。更重要的是，在做原諒的動作之前，請你務必要先面對及釋放相關的負面情緒，原諒才會真正有效。最後，要先原諒自己？還是原諒別人？先原諒成年人的自己？還是內心小孩？我雖然根據協助人們深度療癒的經驗，有某些建議，但請記得，這沒有一定的先後順序，請你**尊重自己的進度，也尊重別人原諒的方式與進程**。

接下來，是一個將近五十分鐘的引導錄音。這個練習，能夠幫助你原諒一些該原諒的人。如果，有一些人和你的情緒糾結，是比較深、比較重的，藉由這個引導，也可以達到某種負面能量的釋放。至於，是不是能夠完全釋懷，或是完完全全原諒那些人、那些事，也是因人而異的。

現在，請敞開心扉，試試看好嗎？

建議各位，先閱讀一遍文字稿，大致瞭解整個過程在做些什麼，然後，聆聽本書所附的〈原諒大會引導〉MP3，放輕鬆，跟著Mophael的引導去做做看囉！

## 先放鬆身體，再進入潛意識

好，各位！

現在，請你們安安靜靜、舒舒服服的坐在椅子上，把你的上半身挺起來，放輕鬆，如果，你要靠著椅背也可以。雙腳請著地，這樣子，可以幫助你能量上的流通。

好，你可以動一下你的脖子、肩膀、腰部、背部，找一個最舒服的姿勢坐著。現在，你的雙手可以攤開，放在你的大腿上，找一個最舒服的地方放著。眼睛輕輕閉起來，等你準備好，聽好這裡的呼吸方式，非常特別。等一下吸氣的時候，請你用鼻子吸氣，想像從天空把氣吸進來——雖然，是深深的吸一口氣，但是，請你胸口放輕鬆，這樣，那口氣可以吸得又輕鬆、又長；吐氣的時候，用嘴巴——像這樣子——哈——

好，等你準備好，記得，用鼻子想像從天空吸氣，胸口放輕鬆。

來，吸氣，深深的。

很好，把氣吐出來——哈——

非常好。

來，我們再深深的，用鼻子想像從天空吸氣，胸口放鬆。來，吸氣——哈——

把所有的二氧化碳，都吐出來。
這，是一個清洗能量的呼吸方式。
來，我們再多做幾次。
鼻子吸氣，來，吸氣——想像從天空吸氣。
很好，再把氣完全吐出來——哈——非常好。
來，再一次——深深的用鼻子從天空吸氣，胸口放輕鬆。
來，吸氣——哈——非常好。

**提高振頻．調整能量**

現在，繼續放輕鬆，等一下我會帶著你，做不同的呼吸方式，同時配合發出一些提高你能量振頻的聲音。

這一次，吸氣的時候，輕輕的吸，讓氣停留在胸口，然後，我會帶著你們發OM這個聲音。聽好，發這個聲音的時候，記得：最後嘴唇要輕輕閉起來，發出M的聲音。記得，嘴唇非常放鬆，放鬆到你可以感應到它振動的感覺，振動的感覺會讓你的嘴唇有點麻麻的。然後，你想像嘴唇這個振動——麻麻的感覺，往上移動到你的額頭，再到你的頭頂。

假設，你感受不到振動往上移動到你的頭頂的話，沒有關係，很正常。你只要想像，把振動送到你的頭頂去就可以。放心，你不會做錯什麼。來，準備好，輕輕的吸一口氣到你的胸口，很好，現在開始發OM。來，你們繼續聽到我這裡：嘴唇放得很輕鬆，讓振動出現，往上移動，到達你的額頭，再到頭頂。

非常好，我已經感受到，各位的能量已經提高非常多。很好！來，我們再多做幾次。

來，輕輕的吸氣到胸口。好，開始發那個聲音OM——你們繼續延長，同時想像一下，這個振動被你推到頭頂去。所以，你可能會感覺你的頭頂有點麻麻的、刺刺的，或是，有些人感覺會有點溫熱、涼涼的，每個人不一定。假設，你感覺不到也沒關係、也很正常，就用想像的，想像你把頭頂打開，想像你把後腦勺打開，對準天空。

OK，來，我們再多發幾次。

輕輕的吸氣到胸口，好，準備——OM——

記得，把振動送到你的頭頂，同時想像你的頭頂、後腦勺打開。

非常好，我們再做兩次。

來，輕輕的吸氣——OM——

記得，打開你的頭頂和後腦勺。

非常好。

來，我們再做最後一次。

輕輕的吸氣——OM——

非常、非常好。

## 接連宇宙的愛和光

現在，你們的能量都非常的好，振頻都大大的提高了。接著，想像一下從宇宙、從天空送來一道光，這道光非常的明亮、溫暖。它是來自宇宙的愛、宇宙的光，和無限的慈悲。想像它，進入你的頭頂，再從頭頂往下蔓延，穿過你的後腦勺、頸背、背部、腰部，從前面經過你的額頭、打開你的眉心、放鬆你眼睛四周的肌肉，來到你的嘴巴。來，把你嘴巴輕輕打開一點點，這是OK的。

在過程當中，你可能會覺得口水會有點變多，這是很正常的，表示你的能量很好。記得，把嘴巴輕輕張開。很好，現在繼續想像，這道光往前通過你的胸口，和你胸口本來就有的愛、慈悲和光——這些美好的能量，結合在一起。然後，再把這美好的能量往下蔓延，順著這一道光，來到你的腹部——前面，通過你的骨盆；後面，通過你的臀部。現在，一前一後到你的大腿、膝蓋、小腿、腳掌，再穿過你的腳掌，直接射向地球的中心。

現在，這道光已經從頭到腳貫穿你的全身，往上進入光的國度，或者說天庭、天堂，往下進入地球的中心。這，就是在能量上面，我們把宇宙的光引到地球，穿過你的身體，提高你的振頻，同時把光送向地球——給地球光、給地球愛。

你，就是愛和光的媒介。

很好！現在，我們花一點點時間來確認一下，從頭到腳有一顆粉紅色、紫色的水晶球——一顆水晶球有這兩種顏色——粉紅色和紫色。水晶球，是透明的、發亮的、非常的溫暖，把你從頭到腳都包圍起來，保護著你。現在，把注意力集中在這個水晶球的表面上，有粉紅色、紫色交錯的光，半透明，再把注意力專注在粉紅色和紫色上，想像一下，這兩種顏色現在進入你的身體裡，和那道光一樣，在你全身蔓延、擴大，粉紅色和紫色最後聚集在你的心臟。

## 敞開心輪，凝聚愛的能量

所以，你可以想像一下，現在你的心臟，像是一朵盛開的花朵，慢動作的盛開，非常的美、非常的動人。想像這朵花盛開的同時，接收粉紅色和紫色的光。這兩種顏色的能量，進入這綻放的花朵當中，也就是你的心中。花一點點時間，跟這兩道光好好的相處，讓它在那朵花裡頭擴大、深入、蔓延——

你做得很好、很好。

現在，再把注意力放在水晶球的表面上，想像一下，在這表面上有千萬條燦爛明亮的光線，交織在一起——一條紫色、一條粉紅色、一條紫色、一條粉紅色，垂直的，平行的，細膩的交織在一起。你越觀察，每一條線就變得更亮——紫色變得更紫，粉紅色變得更粉紅，都變得非常的明亮，變得更美、更亮、更圓。在水晶球裡，充滿的是來自宇宙的愛、光和慈悲，也是你自己心裡頭本來就有的愛、慈悲和光。

現在，這道光貫穿你的全身，讓你的水晶球變得更亮。這顆水晶球，就是你的能量、你的磁場。在上下、左右、四周、前後看一下你的水晶球，你越看它，它就變得更明亮、更美麗、更溫暖、更慈悲。花一點點注意力去感受一下，你頭頂的那一道光——越往天空，越往宇宙，那道光就變得更美、更亮；表面上的光線紋路，就變得更細緻、密度更高。

非常好！再花一點點時間，回到你心裡頭的那一朵花——還是一樣，它慢慢的綻放、慢慢的綻放，散發出紫色的光、粉紅色的光，紫色的光、粉紅色的光。現在想像一下，它此刻在你胸口，開始慢慢的旋轉，以你的方向為主，順時針開始旋轉，很慢的旋轉。去感受一下，它旋轉一次，能量就變得更好——紫色的光、粉紅色的光，就變得更美、更亮、更細緻。

現在，再把注意力放在你的頭頂，記得把你頭頂、後腦勺打開，想像一下——持續的接收宇宙的光。這一道光，越往宇宙就變得更亮、更美；你越觀察它——就發現它也出現了紫色的光、粉紅色的光，每一條光線細膩的交織在一起，越往上就越亮、越美。

現在，同時把注意力，集中在你頭頂的那一道光，和你心裡的這一朵花——這朵花順時針旋轉，頭頂那道光越來越高、越來越高、越亮、越美。你的磁場水晶球，也越來越美、越來越亮、越來越美、越來越亮。記住你現在的感覺、記住你現在的心情、記住你現在的能量，這就是你靈魂本來的樣子，這就是你真正的面目——充滿了愛、發射出光、無限慈悲。

你做得很好！

## 想原諒的人，自然浮現

現在，你可以開始想一下——第一位你想要原諒的人。

或者是說，假設你沒有最好的人選，現在放輕鬆，讓自然浮現出的第一張臉孔、第一位人物出現。

跟你一樣，他也是光、也是能量、也是靈魂，所以，你看進他的眼睛深處、看進他的靈魂，找到他的光。

同時想像一下，你越看他的靈魂、越看他的光，他的光就變得更亮、更美。

很好！

現在，我會帶著你說一些話，請你跟著說出聲音來。看著這個人，如果你知道他的名字，就叫出你平常怎麼稱呼他——三個字、兩個字、或是他的英文名字——看你平常怎麼稱呼他。

跟他說：「某某某，我原諒你，謝謝你幫助我成長，謝謝你幫助我，學會重要的靈魂功課，我原諒你，也謝謝你。」

很好！

現在，我會請各位的指導靈來幫忙，讓我的聲音，進入你眼前這個人的靈魂裡，他同時也要跟你道歉。

想像他雙眼看著你，看著你的光，非常美、非常亮，很真心誠意的跟你說：「我對不起你！對不起，我傷害了你，請你原諒我，也謝謝你原諒我，謝謝你原諒我。」

很好！

### 原諒他，釋放彼此自由

現在，想像一下，這個人插在你身上的那個插頭——從你身上帶走一些好的能量的那個插頭——想像一下，現在你用手把它拔掉，把插頭拔掉，想像一下，這個插頭被宇宙的光帶走，化解在宇宙當中。

同時，你跟對方說，再叫他的名字：「某某某，我釋放你的靈魂自由，謝謝你來幫助我學會原諒，我選擇釋放我們之間所有不是愛的能量，我釋放你的靈魂自由。」

你做得非常好！

現在，你可以感受一下，原諒了這個人，你心裡頭的重量。感受一下你肩膀上、脖子上的壓力，或者是之前在身體上，你想到這個人對你說的話、做過的事情，對你身體某個部分，所造成的一些壓力或者是影響。去感受一下，它是不是變得比較輕了，或是，變得比較淡了？

很好！

現在，想像一下，你胸口的那一朵花，繼續的盛開，再把對方的臉看清楚。現在，從你的這朵花裡，發射出一道粉紅色的光，這道光照亮對方的臉，讓他臉部的每一個細節，都被粉紅色的光包圍。

很好！

現在，跟著我說以下的話：「我愛你，我接受你，我就是愛你這個樣子。」

來，我們再說一次：「我愛你，我接受你，我就是愛你這個樣子。」

很好。

現在，來，深深的用鼻子吸一口氣，來——吸氣——吐氣——哈——我們做能量上的轉換跟切割，同時想像這個人的臉孔，慢慢的淡去。

來——再來深深的吸一口氣，很好，再把氣全部吐出來——哈——

現在，想像一下你自己就在你面前，看一下你自己的表情，這是你傷心、難過、生氣、吃醋、覺得受傷、感覺很負面的表情，覺得別人對不起你、欠你的表情。

正眼看著它，看清楚它臉部的每一個細節。

很好！

## 原諒自己，放過自己

然後，跟它說，叫你自己的名字，看你平常怎麼稱呼自己，請跟著我說：「某某某，我原諒你，我接受你，我就是愛你這個樣子。」

再說一次，你可以加進你的感情說：「某某，我愛你，我接受你，我就是愛你這個樣子。」

非常好！

現在，再從你胸口盛開的那一朵花，發射出一道粉紅色的光，還有紫色的光——粉紅色的光，射向對面的你的心裡，讓對面的你，自己胸口也開出一朵花——慢動作、靜靜的接收粉紅色的光。

現在，發射出去紫色的光，射向對面的你的頭部，想像一下紫色的光進入你的額頭，進入你的頭頂。去感受一下，你頭頂對著天空打開，後腦勺對著天空打開，接受這一道紫色的光。

你做得非常好！

現在，確認一下，你所發射出去的光——粉紅色的光、紫色的光，也照亮了坐在你面前自己的臉。

確認一下，那個很負面的表情——眼睛、鼻子、嘴巴，每一個細節都充滿了光，閃閃發亮。

很好！

## 更徹底的原諒

現在，我們再深深的吸一口氣，再把氣吐出來——哈——做能量上的轉換。

來，再一次深深的用鼻子吸氣，把氣吐出來——哈——放輕鬆，很自然的，讓接下來你要原諒的人，出現在你面前，你可能會很驚訝，誰的臉孔出現了。

一樣，看這那張臉，看進他的眼睛深處，看到他的靈魂，找到他的光。

你越看他，就發現他的光越來越亮，和你自己的光一樣——越來越美。

好，看著他的眼睛跟他說——一樣，叫他名字——

看你平常怎麼稱呼他：「某某某，我原諒你，謝謝你幫助我成長，謝謝你幫助我學會人生重要的功課。我知道你是來幫助我的，我真心的謝謝你。」

很好！

**謝謝你幫助我的靈魂成長**

現在，我再請各位指導靈幫助我，讓我的聲音進入對方的靈魂裡，跟你說一些話。繼續看著他的眼睛，現在，對方要跟你說：「我真的很抱歉、很對不起你，我傷害了你，請你原諒我，請你原諒我。我也非常謝謝你給我這個機會，讓我跟你道歉，也非常感動，你願意原諒我。謝謝你，謝謝你讓我學會了靈性成長重要的功課！」

好，這一次，你再想像一下——他曾經在你的能量上面插的那個插頭，

想像一下，你把那個插頭拔掉，丟到天空去，讓宇宙的光把它照亮、把它化解。

然後，你再看進對方的眼睛深處，跟他說：「某某某，我釋放你的靈魂自由。我選擇釋放我們之間所有不是愛的能量。我真心原諒你，我也真心祝福你快樂、幸福。我釋放你的靈魂自由，也謝謝你釋放我的靈魂自由。」

好，現在再把注意力放在你的水晶球上，

想像一下——它現在變得更亮、更美，甚至變得更大。

再一次，打開你的胸口，讓那一朵緩緩綻放的花朵，發射出去一道光——粉紅色，射向對方，照亮對方的眼，照亮對方的全身。

這一次，我們也一樣跟對方說，看進他的靈魂深處說：「我愛你，我接受你，我就是愛你這個樣子。」

再一次：「我愛你，我接受你，我就是愛你這個樣子。」

很好！

現在，你再把那個受傷的自己、負面的自己，或者是有點歇斯底里的自己，因為這個人——曾經負面、曾經怨恨、曾經悲傷的你自己，放在你眼前，看著自己的臉，看進他的眼睛深處，跟他說：「我原諒你，我釋放你的靈魂自由。」再一次：「我原諒你，我釋放你的靈魂自由。」

很好！

現在，再從你心裡那一朵花，發射出去一道粉紅色的光和紫色的光。

粉紅色的光進入對面的自己心裡——紫色的光進入頭頂、額頭；現在紫色、粉紅色的光交錯在一起，把你的臉孔照亮，把對面自己的臉孔照得非常的明亮。

確認一下，你自己的臉孔每個細節——眼睛、鼻子、嘴巴都充滿了光、充滿了愛。然後，跟他說：「我愛你，我接受你，我就是愛你這個樣子。」

再一次：「我愛你，我接受你，我就是愛你這個樣子。」

很好！

我們再深呼吸，來——從鼻子吸一口氣，再把氣全部吐出來——哈——

再一次深深的吸一口氣，再把氣完全吐出來——哈——

很好，現在讓自然浮現的下一個人、下一張臉出現，你也可能會很驚訝，出現的人是誰。

再一次，看進他的靈魂深處，透過他的眼睛，找到他的光，然後跟他說：「我原諒你，謝謝你來幫助我成長，謝謝你幫助我學會人生重要的功課，謝謝你當我的學伴。」

現在，想像一下，你從自己的磁場拔掉他的插頭，插頭往天空拋，被宇宙的光跟愛轉化成正面的光。

同時，你跟對方說：「我選擇釋放我們之間所有不是愛的能量。我原諒你，我愛你，我接受你，我就是愛你這個樣子。從今天開始，每當我想起你，心中只有愛、只有光。我釋放你的靈魂自由。」

現在，再把自己曾經受傷、曾經難過、曾經負面的表情，放在你自己眼前。
因為這個人曾經傷害你，把那個表情看清楚，同時跟自己說：「我原諒你，我接受你，我釋放你的靈魂自由。」
好！
現在，從你的心裡再度射出一道光——粉紅色的光發射出去，照亮了跟你道歉的人，進入他的胸口，在他全身擴散，同時，把他全身包圍起來，閃閃發亮。另外一邊，你同樣發射出去粉紅色的光、紫色的光，分別照向自己的頭部跟胸口，粉紅色進入心臟，紫色進入頭頂和額頭。再確認一下，現在眼前發光的你自己，臉孔的每一個細節都發光，閃閃動人。
很好！
現在面對眼前的這兩個人，一個是你自己，一個是跟你道歉的人——你已經釋放他靈魂自由的人，跟他們說：「我愛你們，我接受你們，我就是愛你們這個樣子。」
再說一次：「我愛你們，我接受你們，我就是愛你們這個樣子。」
很好！
來，深深的吸一口氣，再把氣全部吐出來——哈——
再一次，深深的吸一口氣，再把氣完全吐出來——哈——

你今天做了非常、非常美的一件事——給自己愛、給自己光、原諒自己，同時，也送光給那些你原諒的人，釋放他們的靈魂自由，也釋放你自己的靈魂自由。

現在，你可以去感受一下，你胸口的重量、肩膀脖子柔軟的程度、整個身子輕盈的程度，感受一下它們的變化。

你，做得非常好！

現在，把注意力放回你自己的水晶球——紫色的光、粉紅色的光，在表面交錯出現。你越觀察它們，它們的光線就變得更亮、更細緻、更動人。花一點時間，讓它變得更美——水晶球不斷的擴大，甚至開始旋轉起來——越轉越亮，越轉越美，越轉越大。

現在，把你的左手食指，跟大拇指輕輕的接合起來，右手也一樣。現在你的兩隻手的大拇指跟食指都接合起來，輕輕的磨擦，跟著我說：「我原諒我自己，我愛我自己，我接受我自己，我釋放我的靈魂自由。」

再一次：「我愛我自己，我接受我自己，我原諒我自己，我釋放我的靈魂自由。」

很好！

現在，慢慢的把注意力放在你的光球上——水晶球，現在緩緩的停了下來——我會從1數到5，現在，先把你的注意力，放回你胸口的那一朵花，繼續想像它慢慢的旋轉、慢慢的旋轉。很好，現在我會由1數到5幫助你回來。

1，可以開始動動你的手腳，伸展一下。
2，你會覺得注意力很集中，身體非常的輕盈。
3，精神很好，能量很棒。
4，眼睛慢慢的張開，你所看到的人、事、物都充滿了愛、都發光。
5，感覺實在是太棒了，因為原諒，你做得真的很棒！

# 重點複習

## ☑原諒，自我療癒的重要指標

1. 歐普拉表示，關於原諒，她最愛的定義是：「放棄過去可能有所不同。」
2. 過去發生的事情，已然發生，任誰也無法更改。我們為什麼還要緊緊抓著過去，期盼事情有所不同？這樣做，無疑是讓自己困在過去和現在之間，動彈不得，更無法大步前進。
3. 原諒，就是允許自己往前邁進。不管是在自我療癒，或靈性成長上。
4. 原諒，就是放下過去，放過自己。
5. 原諒，不是讓別人好過，而是和自己和解。

## ☑原諒，先從內心小孩開始

小時候「責任往身上攬」的習慣，讓我們的潛意識裡，囤積了許多自以為是的信念。一定要先原諒自己的內心小孩，告訴他們：「會發生這些事情，不是你的錯。」以此釋放他們自由，那麼，埋藏在潛意識深處的傷口，才能轉化成愛和光。

## ☑ 原諒，就是有效剪斷能量索

能量索的存在，是因為我們自己緊抓不放。這個強大的磁性之所以讓人苦惱，全是因為我們覺得不甘心，還不願意原諒的關係。用原諒來剪斷能量索，是靈性成長重要的指標。

## ☑ 原諒，可以這樣簡單

反覆傾聽〈原諒大會引導〉錄音。每聽一次，都能協助自己逐漸達到放下、放手、和解、原諒的療癒目標。

## ☑ 原諒大會引導錄音

1. 先放鬆身體，再進入潛意識：在潛意識裡播下原諒的種子。
2. 提高振頻．調整能量：回歸愛和光的靈魂的本質。

3. 接連宇宙的愛和光：請宇宙的神力來幫忙。

4. 敞開心輪，凝聚愛的能量：記得自己本來就有的無條件的愛。

5. 想原諒的人，自然浮現：靈性的力量，助一臂之力。

6. 原諒他，釋放彼此自由：切斷靈魂的能量牽絆！

7. 原諒自己，放過自己：你自由了，我也自由了，因為我已經原諒了你！

8. 更徹底的原諒：想原諒誰，就原諒誰。

9. 謝謝你幫助我的靈魂成長：達到靈魂最深層的原諒！

附錄

# 自我療癒的七個處方箋

Mophael在本書分享的八個療癒情緒的配方，是中醫裡單味的藥草，像當歸、人參、紅棗、芡實等等。這每一味藥，都有它獨特的功效，對於內心小孩情緒的療癒，也有強大的作用。然而，這幾味藥，其實可以針對你內心小孩的「情緒體質」或「情緒習慣」，排列組合成一帖又一帖的藥方子，在這裡，我稱它為「自我療癒的處方箋」。

你，可以針對日常生活所挑起的負面情緒，找出最適合自己的處方箋，面對及釋放負面情緒。當然，長遠的目標，是能夠自我療癒內心小孩，釋放他自由，帶著發揮創意、享受人生，創造奇蹟。倘若，你靈感乍現，想要自行排列組合這八個配方，或者，加入你所學過的其他配方，也是很棒的喔！

## 自我療癒處方箋

### 處方箋A

1. 遇到負面情緒時，不管你人在哪裡，第一個要做的，永遠都是——「對自己展現同理心」。
2. 假設，你必須（正在）上班、上學，或是，有「赴京趕考」之類的大事要處理，不想讓負面情緒影響你的表現，建議立刻使用「手指神功」。

### 處方箋B

1. 「對自己展現同理心」。
2. 若時間環境允許，立刻坐下來「觀照」。
3. 若觀照之間出現強大負面情緒，也可以立刻使用「手指神功」。

### 處方箋C

1. 「對自己展現同理心」。

2. 想更瞭解自我、找到情緒習慣的人，可以聆聽〈集體催眠回前世引導〉，看到自己可以改變的舊有習性。

3. 若覺得準備好原諒了，可以再聽〈原諒大會引導〉。

## 處方箋D

1. 「對自己展現同理心」。
2. 若時間環境允許，立刻坐下來「觀照」。
3. 若感到原諒自己的時機到了，可以聆聽〈想像療癒引導〉。

## 處方箋E

1. 察覺到憤怒時，先「對自己展現同理心」。
2. 再使用「如何有效釋放憤怒」裡的工具。
3. 若時間環境允許，立刻坐下來「觀照」。
4. 可以搭配〈想像療癒引導〉來原諒自己。（動怒的人，事後都會自責！）

## 處方箋F

1. 藉由聆聽〈集體催眠回前世引導〉或「觀照」，發現情緒的慣性。
2. 使用〈想像療癒引導〉或「手指神功」釋放負面情緒。
3. 針對想改變的目標，錄製〈愛自己心靈體操〉。
4. 每日睡前聆聽〈愛自己心靈體操〉。

## 處方箋G

1. 每天觀照至少十五分鐘到半小時，長期藉由內觀、內修來自我療癒。
2. 若沒情緒，就觀照想法、身體反應。
3. 若發現傷痛，還是可以待在觀照空間裡釋放情緒。
4. 長期觀照，可以發現自己的情緒習慣。
5. 堅持觀照，能夠找到自己可以改變的限制信念。
6. 聆聽〈原諒大會引導〉、〈想像療癒引導〉原諒他人及自己。
7. 針對想改變的信念，錄製〈愛自己心靈體操〉。
8. 每日睡前聆聽〈愛自己心靈體操〉。

國家圖書館出版品預行編目（CIP）資料

與你的內心小孩成為好麻吉：情緒療癒的八個強效配方 / 李天民作. --
二版. -- 新北市：新星球出版：大雁文化發行, 2024.11
面； 公分. --（Spiritual life ; 4R）
ISBN 978-626-98493-6-9（平裝附光碟片）

1.CST：情緒管理

176.52 113012867

Spiritual Life 4R

# 與你的內心小孩成爲好麻吉
## 情緒療癒的八個強效配方

作　　者　李天民（Mophael）
內頁排版　黃雅藍
美術設計　謝安琪
內文校對　簡淑媛、黃妉俐
責任編輯　黃妉俐

新星球出版 New Planet Books
業務發行　王綬晨、邱紹溢、劉文雅
行銷企劃　陳詩婷
總 編 輯　蘇拾平
發 行 人　蘇拾平
出　　版　新星球出版
231030 新北市新店區北新路三段 207-3 號 5 樓
電話：（02）8913-1005　傳真：（02）8913-1056
發　　行　大雁出版基地
231030 新北市新店區北新路三段 207-3 號 5 樓
24 小時傳真服務／（02）8913-1056
讀者服務信箱 Email:andbooks@andbooks.com.tw
劃撥帳號／ 19983379
戶名／大雁文化事業股份有限公司

二版一刷　2024 年 11 月
定　　價　420 元

ISBN: 978-626-98493-6-9